Ueber das Verhältniß der Metaphysik zu der Religion

von

August Wilhelm Rehberg
Geheimen Canzley-Sekretair in Hannover.

Drink teep or taste not.

Berlin,
bey August Mylius 1787.

Inhalt.

1. Werth der metaphysischen Speculation. Willkührliche Verbindung derselben mit der Religion, und durch diese mit der Moral.

   Nothwendigkeit einer Trennung der Moral von der Religion, oder der Religion von der Metaphysik, zur Beruhigung der Gewissen, und zur Erhaltung der Freyheit zu denken.

   Bestimmung der wesentlichen Grundbegriffe der Religion, Behuf der Trennung derselben von der Metaphysik.

2. Diese Grundbegriffe sind von der Metaphysik unabhängig.

IV

 Das System des Spinoza beweiset selbige zwar nicht, läßt sich aber mit ihnen vereinigen.

3. Wichtigkeit des Systemes des Spinoza.

 Die gewöhnlichen unbestimmten Vorstellungen von Gott und der Welt führen leicht auf seinen Hauptgedanken.

 Eben das thut eine jede Dogmatische Metaphysik.

 Das Leibnitzische System, einzig mögliches dogmatisches System der Metaphysik.

 Prüfung seiner Beweise.

 Es führt, so wie alle Metaphysik, auf das System des Spinoza.

 Widerlegung der metaphysischen Grundbegriffe des Spinoza.

4. Begriffe von Dingen an sich selbst, als dem Gegenstand metaphysischer Wissenschaft, sind unmöglich.

Entwiklung der Hauptbegriffe der Metaphysik nach Kants Grundsätzen, Erweis derselbigen, und Beweis, daß sie weder für noch wider die Religion etwas enthalten.

Mithin sind alle metaphysischen Religionsgrundsätze ungegründet oder leer.

5. Begriffe von Gott, in so weit sie nicht auf der Metaphysik beruhen, derselben aber auch nicht widersprechen, und anderweitig erwiesen werden können.

Verhältniß desselben zu der Welt.

Die beste Welt ist eine unerweisliche Hypothese, und beruhet auf willkührlichen Begriffen von den moralischen Eigenschaften Gottes.

Theorie des ersten Grundes der Göttlichkeit.

Entwicklung des Begriffs von einem moralisch vollkommnen Wesen.

Verhältniß der Gottheit, als des moralisch vollkommnen Wesens, zu der Welt.

VI

6. Vortheile und Nachtheile des Optimismus für die Sittlichkeit.

Wahre Erkenntniß und Verehrung Gottes; worinn sie besteht.

Erbauung.

Drukfehler und Verbesserungen.

Seite 3. Zeile 3. von unten. Unrecht lies Recht.
— 10. — 15. Herr l. Heere.
— 12. — 9. l. Eingebung, theils einen gegründeten, theils einen ungegründeten.
— 15. — 12. dienigen l. diejenigen.
— 26. — 1. der Note, mit dem l. mit einem.
— 49. — 11. vollkommenen l. vollkommneren.
— 51. — 18. Dilamma l. Dilemma.
— 54. — 5. vom l. von.
— 55. — 1. der Note, So statt Er.
— 58. — 1. v. u. l. solute.
— 59. — 2. Nams l. Name.
— 63. — 13. nur Dialektiker.
— 64. — 18. seyn l. seyen.
— 66. — 10. daher l. also.
— 100. — 7. umfaßt l. erkennt.
— 101. — 7. u. 8. so ist es sehr leicht zu beweisen l. so muß angenommen werden.
— 109. — 15. geschicht l. geschiehet.
— 112. — 5. Begriffe l. Begriffen.
— 115. — 17. 18. so wie es auch, und Zeile 19. sind, muß durchgestrichen werden.
— 116. — 1. v. u. Möglichkeit l. Unmöglichkeit.
— 119. — 22. Vollkommenheit l. Unvollkommenheit.
— 125. — 1. Nur l. Nun.
— 126. — 16. allen l. alles.
— 128. — 11. Vollkommenheit l. Vollkommenheit und Unvollkommenheit.
— 148. — 7. v. u. ein für nie.
— 159. — 4. v. u. fremden statt fremde.

Es wird zwar die Untersuchung abstracter Wahrheiten anitzt, so wie vielleicht zu allen Zeiten geschehen seyn mag, nicht blos durch das Geschrey der unphilosophischen Menge, sondern auch durch die Stimme vieler, die Anspruch darauf machen, Kenner zu seyn, dahin verdammt: daß sie an sich selbst nicht werth sey, den Menschen zu beschäftigen, und nur durch Beziehungen auf seine anderweitige Glückseligkeit, und durch Brauchbarkeit im gemeinen Leben, ein Interesse erhalten müsse. Wenn man aber unter dem bürgerlichen Leben, nur die Sorge für den Unterhalt und die Befriedigung der übrigen Bedürfnisse und des Wollebens versteht, so macht dasselbe doch nicht das ganze Leben des Menschen aus. Vielmehr sollten diese Beschäftigungen, und selbst alle Veranstaltungen der politischen Verfassung, welche den ungestörten Genuß des Eigenthums sichern, so wie dieser Genuß selbst, nur als Mittel zu dem freyen Gebrauche aller Seelenkräfte geschätzt werden. An sich selbst, sind sie dem Menschen nur in so weit etwas werth, als sie einen solchen freyen Gebrauch der Seelenkräfte enthalten, in welchem allein, denkende Wesen ihre wahre Bestimmung suchen können. Auch würden durch die erhabnen Grundsätze eines auf diesen großen Endzweck bezognen Naturrechts und Politik, diese Wissenschaften sowohl als die Staatsverwaltung und deren Diener, in einem ganz andern Lichte erscheinen, als nach den Systemen, darin die erstgedachten Mittel zu dem Wohl des Menschen, mit diesem Wohl selbst verwechselt, und zu letzten Zwecken erhoben werden.

Zu diesen Seelenkräften gehört auch das Abstractionsvermögen. In dem abstracten Denken besteht zwar bey weitem nicht der Zweck, ja nicht einmal ein beträchtlicher Theil des Endzwecks aller, aber doch ein Theil des Endzwecks einiger Menschen. Die Speculation ist nicht blos eine Liebhaberey, sie ist ein wahres Bedürfniß für diejenigen, welche eine Anlage dazu in sich finden, und zu der Beruhigung dieser gehört es ganz nothwendig, erforscht zu haben, was der menschliche Geist davon zu begreifen im Stande ist, und warum er nicht mehr begreifen kann. Es haben daher die Speculationen der Metaphysik, einen Werth an sich selbst, der durch ihre Brauchbarkeit im gemeinen Leben gar nicht gemessen werden kann: einen zwar sehr eingeschränkten, aber ganz unleugbaren Werth: und wenn es gleich nicht zweckmäßig seyn dürfte, dieselben andern zu empfehlen als solchen, die einen natürlichen Beruf dazu fühlen, so behalten doch allemal die Bemühungen für die Erweiterung und Ergründung derselben ihr Verdienst; denn es ist hier eben so wenig als bey irgend einer andern Art von Wissenschaft anständig, sich mit halbem Wissen und einer unbestimmten Kenntniß zu begnügen.

Aber es kommt noch ein andres Interesse hinzu, wodurch die abstracten Speculationen mit Recht auch einen allgemeinen Werth für jeden Kopf erhalten, der für sich selbst denken, und nach eigner Einsicht handeln will.

Man hat nehmlich von jeher die allgemein anerkannten Wahrheiten der natürlichen Religion durch metaphysische Speculationen zu erweisen gesucht. Eben daher sind auch von einer andern Parthey, entgegengesetzte metaphysische Behauptungen als Widerlegungen dieser Wahrheiten aufgestellt worden. Diese konnten dadurch zwar nie dem großen Haufen derer entzogen werden, die sich auf solche Beweise und Gegenbeweise nicht einzulassen vermogten, oder nicht einlassen wollten: es sind aber doch immer sehr viele durch metaphysische Zweifel, und noch weit mehrere durch die Furcht beunruhigt worden, der Glaube, der so vieles zu ihrer Glückseligkeit beyträgt, beruhe auf unsicherm Grunde, und könne vielleicht durch ihnen unbekannte metaphysische Untersuchungen zweifelhaft gemacht werden. Es ist daher diese Methode, die natürliche Religion auf solche Gründe zu stützen, äußerst nachtheilig: nicht allein dem großen Haufen von Menschen, für den abstracte Untersuchungen nicht gemacht sind, sondern noch mehr den Schülern der populären Philosophen, von denen einige die ganze Metaphysik verwerfen, ohne doch zu lehren, wie man dem Entstehen der Untersuchungen, die sie für nichtig erklären, mit völliger Beruhigung des menschlichen Geistes vorbeugen könne: und von denen andre, aus Furcht den Anschein der Gründlichkeit zu verlieren, den Namen zwar beybehalten, unter ihm aber etwas vortragen, das weder zusammenhängt, noch befriedigt.

Da nun aber die Theologie auf der einen Seite mit der Sittlichkeit, und dadurch mit dem Grunde der menschlichen Glükseligkeit genau zusammenhängt, und wie man sie auch behandeln mag, ihr auf der andern Seite metaphysische Untersuchungen anhängen, so giebt es nur zween Wege, dem durch Zweifel zerrißenen Kopfe, und welches noch weit schlimmer ist, dem durch Zweifel zerrißenen Herzen zu Hülfe zu kommen.

Der erste Weg ist dieser: die Gründe des sittlichen Wohlverhaltens ganz allein in seinem innern und unabhängigen Werthe zu suchen, und es dahin gestellt seyn zu lassen, was jeder von allen den Gegenständen der Untersuchung denke, die zur Religion gerechnet werden mögen.

Diesem Wege näherten sich die Schulen alter Philosophen, denen mehr an der Ausbildung des Charakters als an der unthätigen Speculation gelegen war. Die erste Hälfte meiner Foderung erfüllten sie ganz: ihre Sittenlehre war unabhängig von ihrer Theologie. Und so wie unter den Alten, sehr warme Verehrer der religiösen Ideen eine solche unabhängige Moral lehrten, so wird ihr Werth auch unter uns von mehrern erkannt. Ich darf hier nur unter den neuesten, Kant *) und Garve **) anführen: zween Schriftsteller, deren Werke die Bewunderung erregen, die nur das durchaus vortreffliche erzeugt.

Wenn aber die Moral für sich besteht, warum sollen die Speculationen der Theologie her-

*) Grundlegung zur Methaphysik der Sitten, Riga 1785. Durch dieses System der Moral führt zwar der Verfasser zu einer Theologie, es beruhet aber so wenig auf derselben, daß sich vielmehr diese Theologie auf jener von allem außer der Vernunft unabhängigen Moral gründet.

**) In den bekannten Anmerkungen zu dem Cicero von den Pflichten.

stiger seyn, als andre Speculationen? Ist gleich ein System schöner, geist- und herzerhebender als andre, so sind doch alle unschädlich. Und auch hier geschehe nichts zur Hälfte. Keine Ausnahme zu Gunsten irgend eines religiösen Lehrsatzes, sey er auch welcher er wolle. Keine Ausnahme gegen die Zweifler, keine gegen die Materialisten, keine gegen die erklärtesten Leugner aller möglichen Religion. Es gelte alles gleich, was auch einer noch so ungewöhnliches über diese Gegenstände denken möge. Die philosophische Toleranz (ich rede hier nicht von der politischen) wird immer um so viel unphilosophischer, je mehr sie umfaßt, so lange sie noch irgend etwas ausschließt. Jeder lehre also und beweise was er will, sollte er auch lehren, daß nichts erwiesen werden könne: denn jeder, der in diesen Sachen irgend etwas unwiderleglich bewiesen zu haben glaubt, wird immer noch mehr aus dem bewiesenen folgern: und es werden daher, sobald nur erst ein Glaubensartikel festgesetzt worden, allemal mehrere bald folgen.

Wenn wir aber den allgemeinen Hang des Menschen betrachten, eine feste, unwidersprecheliche und unumstößliche Richtschnur in Glaubenssachen festzusetzen, die nur er selbst im nächstfolgenden Augenblicke wieder umstoßen dürfe, um eine neue mit eben dem Eigensinne und nicht mehrerer Beständigkeit aufzurichten: wenn wir betrachten, daß allemal diejenigen, die am heftigsten widersprechen mußten, um nur gehört zu werden, am wenigsten Widerspruch leiden, so bald ihre Meynung durchgedrungen ist, und daß sie alle, auch von den Skeptikern nur wenige ausgenommen, nicht begreifen, wie es doch möglich sey, anders zu denken, als sie*): so

---

*) Enthält doch selbst Schlußers Brief über die Duldung der Deisten, dessen erste Hälfte so voll wahrhaftig philosophischer Religion ist, Artikel, die wie er meint, jeder vernünftige Mensch soll ohne Bedenken unterschreiben können. Will sogar der Philosoph, der nur suchen darf zu überzeugen, vorschreiben was man denken solle, wie kann er denn Theologen, denen es wesentlich ist, auf höhere Autorität ihre Lehren zu gründen, einen Vorwurf daraus machen, daß sie Formeln vorschreiben, und den Ketzer verbrannten, der daran nicht glaubte? Ihrer Meynung nach, eben wie nach der Meynung solcher Philosophen, konnte ja jeder vernünftige Mensch nicht anders als das zugeben und einsehen.

werden wir wohl inne werden, daß ein solcher allgemeiner Indifferentismus unmöglich jemals statt finden könne: der anderweitigen Nachtheile nicht zu gedenken, die er etwa mit sich führen mögte. Indessen ließe er sich unter solchen Völkern gedenken, die wie Griechen und Römer, nichts von geoffenbarten philosophischen und moralischen Wahrheiten wußten, und deren denkende Köpfe nicht von Jugend auf, an aufgeklärte Begriffe über die Gottheit gewöhnt würden. Für uns hingegen, bey denen ausgemachte Religionsbegriffe zu sehr mit den sittlichen verbunden sind, als daß die Trennung derselben in allen Köpfen nur einmal möglich seyn sollte, bleibt nur der zweyte Weg übrig.

Uns würde es angemeßener seyn, wenn wir beweisen könnten, daß die spizfindigen und vielseitigen Untersuchungen der Metaphysik, die Begriffe über die Gottheit und ihren Einfluß auf die Welt zwar modificiren, daß aber die wichtigsten Lehren der Religion sich erhalten lassen, auf was für Vorstellungen man auch immer bey der subtilen Speculation verfallen möge. Können wir das, so mag die Sittenlehre mit der Theologie immerhin so enge verbunden seyn, als sie es nach den Systemen vieler alten und neuen Philosophen ist, auch solcher die über die gewöhnlichen Begriffe von einer durch Furcht vor künftigen Strafen und Hofnung künftiger Belohnungen erzwungenen Sittlichkeit, weit erhaben sind *), so leidet sie doch nicht durch die Zweifel, auf die jeder denkende Kopf nothwendig stößt, der sich in die Metaphysik wagt.

Die Bemühungen mehrerer vortreflichen Männer der neuesten Zeiten, sind dahin gerichtet, das Wesentliche der christlichen Religion, von den Untersuchungen der gelehrten Theologie unabhängig zu machen, und dadurch dem Heer von Zweifeln in der Quelle zuvorzukommen, die man nicht alle, wenigstens bey solchen nicht heben kann, denen ihr Beruf andre Beschäftigungen vorschreibt, als Untersuchungen dieser Art. Die blos natürliche Religion, deren Erkenntniß dem Geiste der Zeiten nach, immer wichtiger wird, ist aber noch viel übler daran, wenn sie von der Metaphysik abhängig gemacht wird, als die christliche Lehre in ihrer

*) Natur s. E.

Abhängigkeit von der Geschichte. Diese hat doch bestimmte Quellen: in der ganzen menschlichen Erkenntniß aber, sind keine Begriffe so wandelbar und unbestimmt, als die ontologischen und cosmologischen. Der Mangel an allgemeiner Beystimmung ist ein sichrer Beweis, daß den aufgestellten metaphysisch-theologischen Systemen, die angemaßte Evidenz fehle, welcher allemal Ueberzeugung nothwendig folgt. Es bleibt denn auch daher den Vertheidigern dieser Systeme nichts anders übrig, als solchen die ihnen nicht beyfallen, die Vernunft abzusprechen, oder die Schuld auf einen bösen Willen zu schieben. Nun ist aber nichts natürlicher, als daß die erste Beschuldigung zurükgeschoben, und die zweyte als eine lieblose Verläumdung abgewiesen werde. Sie ist auch wirklich ungereimt, wie sich schon daraus ergiebt, daß die Beschuldigten sehr oft die Wahrheit der Behauptungen zugeben, und nur diese oder jene einzelne Beweise derselben, unzulänglich finden. Der Methaphysiker leistet daher der Menschheit einen Dienst: — der einzige Fall vielleicht, wo er dieses hoffen darf, — wenn er zeigt, daß auch bey den sonderbarsten Speculationen über diese Begriffe, das bestehen könne, worauf die Ruhe so vieler gegründet ist.

Zuerst wird hier festzusetzen seyn, welche unter den unzähligen mannigfaltigen religiösen Behauptungen, eigentlich das wesentliche ausmachen.

Allen Religionen, sowohl denen, die auf höhere Eingebung einen zum Theil ungegründeten Anspruch machen, als auch derjenigen, die sich blos auf natürliche Einsicht stützt, liegt folgendes zum Grunde.

Die Welt, das Ganze, welches aus der Verbindung so mannichfaltiger Wesen, und der gegenseitigen Einwirkung so mannichfaltiger Kräfte besteht, ist nicht ein wilder Haufen einzelner für sich bestehender, und ohne Beziehung auf einander, wirkender Wesen, sondern es ist in ihren Veränderungen und Einwirkungen, Ordnung und Zusammenhang mit den Begriffen eines höchsten Verstandes.

Diejenigen, welche die Schöpfung der materiellen und immateriellen Kräfte aus nichts annehmen, behaupten die Beziehung dieser

Kräfte selbst in ihrem innern Wesen, auf die Ideen der schaffenden Gottheit. Andre suchen diese Beziehungen nur in den Determinationen der unabhängig von der Gottheit existirenden Kräfte, in ihrer gegenwärtigen Verbindung. Die Unbegreiflichkeit Gottes, eine unbezweifelte Lehre aller Religionen, macht alle nähern Bestimmungen unsicher und unvollständig. Es bleibt der einzige Gedanke als ein Erfahrungssatz übrig, der bis zur höchsten Wahrscheinlichkeit erhoben worden: In den Veränderungen der Welt erscheint Beziehung auf einen höchsten Verstand.

So weit, theoretischer Grundsatz der Physik, der Geschichte des menschlichen Geschlechts, der Geschichte des einzelnen Menschen. Zu dem Grunde einer practischen Theologie und Sittenlehre, erheben ihn die Betrachtungen, daß ein mit jenem großen Plane von Ordnung im Universo, verwandter Trieb nach Ordnung und Absicht zu wirken, im Menschen liege. Von diesem erhuben wir uns zuerst zu jenem großen Gedanken, welcher wieder zurükwirkt, und uns selbst veredelt, weil wir nicht nur die ersten

Grundbegriffe der Vernunft selbst einzusehen, und in ihrer Anwendung in der Welt zu verfolgen, sondern auch sie uns selbst immer mehr zu eigen zu machen, und durch sie unsre Thätigkeit zu leiten vermögen.

Auf diese Verwandschaft unsres Geistes mit dem erhabensten Geiste, gründet sich alle Vervollkommnung des Menschen durch Religion: sowohl die philosophische, die Plato unter dem Namen der Liebe, und nach ihm die Stoiker suchten, und von der Shaftesbury so schön schreibt: als auch das christliche Bemühen nach dem verlohrnen Ebenbilde Gottes, und sogar die mystische Liebe zu Christo, als in dem die Gottheit geoffenbart habe, wie die Ideen des göttlichen Verstandes in der menschlichen Natur, und in menschlichen Verhältnißen angewendet werden mögen.

Dieses alles beruhet gar nicht auf metaphysischen Begriffen. Die Speculationen über das Wesen der Dinge und ihre Veränderungen, über ihre Nothwendigkeit und Zufälligkeit, über ihre Ursachen, führen höchstens nur bis auf den Begriff eines Wesens, das die absolute Bedingung alles übrigen enthält. Dieses ist aber bey weitem noch nicht hinlänglich zu den Begriffen einer Religion: denn jene Speculationen belehren uns keinesweges, wie dieses Wesen beschaffen sey, und es ist ein sehr auffallender und oft gerügter Fehlschluß, wenn man dem Begriffe von absoluter Selbstständigkeit, einen Begriff von höchster Vollkommenheit unterschiebt, der aus der Analogie unsres Geistes genommen ist. Es muß also erwiesen werden, daß die Erscheinungen der Welt eine solche Analogie rechtfertigen, und es sind daher nur dienigen Einwürfe gegen die Religion von Bedeutung, die es zweifelhaft machen wollen, ob die Erscheinungen der Welt hinreichenden Grund geben, aus ihnen jene Grundbegriffe der Religion herzuleiten.

Alle metaphysischen Systeme sind nur Erklärungen der Erscheinungen, die uns die Erfahrung kennen lehrt. Die Erklärung mag aber ausfallen wie sie will, so kann sie nie einen Grund abgeben, jene Erscheinungen zu leugnen, oder auch nur das wieder zweifelhaft zu machen, was auf die unleugbaren Erfahrungen gegründet ist, und richtig aus ihnen hergeleitet worden.

Es sind daher die oben angegebnen Grundbegriffe der Religion mit allen metaphysischen Systemen vereinbar, wie ich in dem folgenden näher zeigen werde.

2.

Unter allen philosophischen Schriftstellern, die in der Metaphysik und Theologie von den gewöhnlichen Vorstellungen abweichen, hat keiner die denkenden Köpfe so sehr beschäftigt, als Spinoza. Tiefe Blicke in die Natur des menschlichen Geistes, eine Menge vortreflicher Beobachtungen und treffender Erklärungen machen seine Werke äußerst interessant, und die enge Verbindung, die genaue Folgerung aller seiner Sätze, fodert zu der strengsten Prüfung auf. Ist nun dieses System, wie man gewöhnlich behauptet, von einem trostlosen Atheismus unzertrennlich, oder sind nicht vielmehr die oben festgesetzten Grundbegriffe der Religion damit zu vereinigen? *)

Es

*) Ich habe dieses schon in meiner Abhandlung über das Wesen und die Einschränkungen der Kräfte, Leipzig 1779. pag. 75 behauptet, ohne jedoch

Es hat diese Frage, welche dem Liebhaber der Speculation schon an sich selbst der Untersuchung höchst würdig war, seit dem noch ein neues Interesse durch einen Streit erhalten*) der von beyden Seiten mit derjenigen Lebhaftigkeit geführt worden, die eine nahe Beziehung auf die wichtigsten Angelegenheiten der menschlichen Vernunft, in welche er mit Unrecht versetzt worden, ertheilen mußte. Aber eben diese Lebhaftigkeit, und die Einmischung solcher Angelegenheiten, welche dem Gegenstande der Untersuchung selbst fremd sind, verhindert allemal den wahren Entscheidungspunkt zu treffen. Es ist zwar unmöglich, dem Beweise Beyfall zu versagen,

jedoch den meinen damaligen Untersuchungen fremden Beweis hinzufügen, den Herr Prof. Plattner von mir in der neuesten Auflage seines vortreflichen Lehrbuches fordert. Philosophische Aphorismen, 1ster Theil. Leipzig 1785. Pag. 315.

*) Jacobi über die Lehre des Spinoza. Mendelssohns Morgenstunden. Jacobi Beantwortung der Beschuldigungen ꝛc. Resultate der Jacobischen und Mendelsfonschen Philosophie.

B

sagen, den Jacobi führt, daß die Metaphysik des Spinoza auf Atheismus hinauslaufe. Allein es liegt in diesem Worte Atheismus eine Zweideutigkeit. Eigentlich sollte dieser Ausdruck nur den skeptischen Unglauben bezeichnen, der in einem Systeme keinen Grund für die Existenz einer Gottheit findet, es aber dahin gestellt seyn läßt, ob eine solche aus andern Gründen bewiesen werden könne, und es ist Atheist eigentlich nur der, welcher ohne Gott lebt, zu dessen Gedanken-Systeme die Erkenntniß einer Gottheit nicht gehört. Davon aber ist der dogmatische Atheismus sehr weit verschieden, der sich anmaaßt zu beweisen, daß überall kein solches Wesen gedenkbar sey, dessen Begriff der Religion zum Grunde liegt, oder wenigstens, daß kein Grund gefunden werden könne, die Existenz desselben anzunehmen. In dem ersten Verstande ist es allerdings wahr, daß die Metaphysik des Spinoza, und nicht nur diese, sondern alle Metaphysik, atheistisch sey. Sie weiß von keinem solchen Gotte, auf den uns andre Wissenschaften führen. Die Speculationen über das, was allen Erscheinungen zum Grunde liege, und über den Begriff des Unbedingten und Unendlichen, auf den die Vernunft durch die Bedingtheit und Eingeschränktheit aller Erscheinungen geleitet wird, sind ganz unfruchtbar für die Religion, so wie überhaupt alle anscheinende Belehrung, die sie gewähren, auf eine bloße Täuschung, hinaus läuft. Dieses wird sich aus meinen nachfolgenden Untersuchungen ergeben. Vor jetzt werde ich zeigen, daß das metaphysische System des Spinoza, wenn es gleich nicht den Begriff einer persönlichen Gottheit enthält, demselben doch nicht widerspricht, und daher diejenigen Religionsbegriffe nicht nothwendig ausschließt, welche aus andern, nicht metaphysischen Untersuchungen erwiesen werden mögen.

Spinoza leugnet, daß irgend etwas, als ein abgesondertes, für sich bestehendes Wesen existire: nach seinem Systeme sind die Gedanken des Menschen, Gedanken der Gottheit: die Erscheinungen der Körperwelt, Modificationen der Ausdehnung, als einer Eigenschaft des unendlichen Wesens. Aber existirte nicht nach den Begriffen der gewöhnlichen Theologie, in dem unendlichen Verstande Gottes, von Ewigkeit her, eine vollkommne Kenntniß von allen, was irgend einmal geschehen ist, gedacht worden ist, geschehen, und gedacht werden wird? Wenn wir also Ideen von Vollkommenheit, Ordnung und Schönheit im göttlichen Verstande annehmen müssen, um eine Welt außer der Gottheit zu erklären; werden wir ihrer weniger bedürfen, um diese Welt, die vor ihrer Wirklichkeit im göttlichen Verstande existirte, zu erklären? Wählte Gott, wie die gewöhnliche Vorstellungsart anzeigt, unter unzähligen möglichen Welten, die beste von allen, so wählte er sie, weil in ihr Ordnung und Begriffe von Vollkommenheit alle Glieder an einander ketten, denn dadurch nur wird die Wahl eines verständigen Wesens bestimmt. Es muß sich also diese Welt nicht anders denken lassen, als in Beziehung auf jene Begriffe.

Die psychologische Frage, über den Ursprung der Begriffe, wird nicht durch die metaphysischen Grundsätze des Spinoza entschieden. Es läßt sich mit diesen, eben sowohl das System derer verbinden, die mit Plato und Leibniz annehmen, daß von den Sinnen unabhängige

Begriffe in der Seele liegen, die aber nur in der Anwendung auf sinnliche Vorstellungen zum deutlichen Bewußtseyn kommen, als das System derer, die mit Epikur, Helvetius und Diderot in der Seele nichts finden, als sinnliche Vorstellungen, und empirische Verbindung und Wiederhohlung derselben. Spinoza war dem ersten zugethan*). Nach den Begriffen jener groben Materialisten hingegen, existiren in der Natur keine andre als mechanische Gesetze, und auch diese nicht anders, als in den einzelnen Wesen. Kein Verstand umfaßt nach ihrem Systeme das Ganze, keiner stellt sich die Verhältnisse aller Wesen in ihrem vollkommnen Zusammenhange vor. Nach dem Spinoza hingegen, existirt die Welt zwar nur als Modifica-

---

*) Ethica Pars II. Schol. Prop. XL. Pars V. Prop. XXXI. Man könnte vielleicht hiegegen einwenden, daß er (Pars II. Prop. XIII.) behauptet, obiectum ideae, humanam mentem constituentis, esse corpus, & nihil aliud: allein die Ideen des reinen Verstandes haben (dies zwar nicht nach der Meynung des Plato) kein Object, und bestehen nur in der Art, wie derselbe die sinnlichen Objecte denkt.

tion der Gottheit: die Welt ist also Gott: wenn es aber Vorstellungen giebt, die weder von einem endlichen Geiste (von der göttlichen Denkkraft, in so weit sie einen endlichen Geist ausdrükt, heißt es in der Sprache des Spinoza) gedacht werden, noch einen körperlichen, das ist, ausgedehnten Gegenstand, ausdrücken, wie es denn dergleichen in allen gewöhnlichen nicht materialistischen Systemen, und eben so wohl in Spinozens Systeme geben muß *), so ist die Welt zwar in Gott: Gott aber ist noch weit mehr als die Welt. In ihm sind noch unendlich mehrere Vorstellungen als diejenigen, die die sinnliche Welt ausmachen. Nach dem Spinoza existiren zwar die unendlichen Eigenschaften Gottes in bestimmten Modificationen, (oder welches einerley ist, die Form in den Vorstellungen und etwanigen andern Eigenschaften einzelner Wesen in concreto) nur in den eingeschränkten Wesen. Es müssen aber in der Gottheit auch Vor-

---

*) Weil ex necessitate divinae naturae, infinita infinitis modis sequi debent. Ethica Pars I. Prop. XVI.

Vorstellungen angenommen werden, die nicht eingeschränkte Wesen ausdrücken, sondern ihr allein beygelegt werden können, wenn Beziehung und Verhältnisse in jenen einzelnen Wesen, in der sinnlichen Welt, sind: diese mögen als Modificationen der Gottheit, oder von ihr abgesondert, für sich bestehen. Denn was sind Verhältnisse und Beziehungen anders, als die Gedanken, die beym Zusammenseyn, oder auf einander Folgen, verschiedener Vorstellungen in einem Verstande entstehen, und um diese Verhältnisse und Beziehungen aller Theile der Welt unter einander denken zu können, muß dieser Verstand die ganze Welt umfassen, in so weit die Dinge im Verstande seyn können. Nach dem Systeme des Spinoza sowohl als nach dem gewöhnlichen, sind die Dinge nicht ganz in dem Verstande der Gottheit, denn sie lassen sich nicht ganz durch Vorstellungen ausdrücken: nach jenem ist eine unendliche Ausdehnung ebenfalls eine Eigenschaft der Gottheit, welche deren noch unendlich viele andre hat, und eben so ist auch nach den gewöhnlichen Vorstellungen ein jedes Ding an sich selbst, noch mehr, als sich durch Gedanken ausdrükken läßt: allemal aber müssen diese Dinge, die ein Gegenstand der göttlichen Absichten sind, im Verstande der Gottheit seyn, in so weit sie Gegenstände seiner Absichten sind, denn Absicht setzt Erkenntniß voraus.

Wenn aber solche Ideen in der Gottheit sind, ist denn in dem Systeme des Spinoza weniger als in irgend einem andern, die Begierde möglich, diesen über alle menschliche Erkenntniß und menschliche Kräfte erhabenen, eine Unendlichkeit umfassenden, und auch nach Spinozens Grundsätzen, außer der Seele, in der Gottheit existirenden, auf alle Gegenstände und Veränderungen der sinnlichen Welt angewendeten allgemeinen Begriffen von moralischer Schönheit und Vollkommenheit, von Ordnung und Uebereinstimmung sich zu nähern? von den einseitigen von sinnlichen Vorstellungen abhängenden, und deswegen unvollkommenen und einander widersprechenden Neigungen und Begierden, sich zu erheben, und durch die Betrachtung des großen Plans von Vollkommenheit in der ganzen Welt, selbst vollkommner zu werden?

Es ist also nicht der erste Grundsatz in dem Systeme des Spinoza, daß alles existirende nur Modification der Gottheit sey, der den Hauptbegriffen der Religion widerspricht: ja der uneingenommene Forscher dürfte vielleicht finden, daß dieselben von der Liebe zu Gott, die Spinoza predigt (und die ihm ungefähr so viel heißt, als Liebe zu deutlicher Erkenntniß und daraus nothwendig entspringende Liebe zur Vollkommenheit) nicht so gar weit entfernt seyen, und daß die letztere in practischer Rücksicht wenigstens eben dahin führe, *) wohin die gewöhnlichen Lehren

---

*) Ich kann nicht umhin hier gelegentlich dem Leser die vortreflichen Worte mitzutheilen, mit denen Spinoza sein Werk beschließt. Die Glückseligkeit, sagt er, (Pars V. Prop. ult.) ist nicht ein Lohn der Tugend, sondern die Tugend selbst ist Glückseligkeit, und wir genießen deren nicht, weil wir unsre Begierden bezähmen, sondern vielmehr setzt uns der Genuß jener in den Stand, unsre Begierden zu bezähmen. Es ist unmöglich, den höchsten Grund-

Lehren führen sollen, bey denen freylich die Einbildungskraft lebhafter mitwirken kann, als in der Theologie eines Spinosisten.

Aber Spinoza behauptete weiter: *) daß alle wirkende Ursachen vorübergehender Erscheinungen selbst vorübergehend seyen, weil alles, was unmittelbar aus den unendlichen und ewigen Eigenschaften Gottes entspringt, selbst unendlich und ewig seyn müsse. Hieraus würde also folgen: daß keine Beziehung unter den abstracten Ideen der Gottheit und den Veränderungen seyn könne, die die Welt erleidet. Allein diese Schwierigkeit ist nicht dem Systeme des Spinoza allein eigen, und so wie in jedem andern erklärt, (oder nicht erklärt) werden kann, wie die ewigen und unwandelbaren Eigenschaften Gottes, eine abwechselnde und Veränderungen unterworfne Welt erzeugen können, so wird sich eben dasselbe Ver-

satz der reinsten, und mit dem vorhin genannten großen Schriftsteller zu reden, von aller Heteronomie freyen Sittenlehre, schöner auszudrücken.

*) Pars I. Propos. XXVIII.

hältniß unter den unveränderlichen Ideen der Gottheit zu denen nach Zeit und Raum eingeschränkten, in dem Systeme des Spinoza annehmen lassen, welches in andern Statt findet.

Worin besteht denn eigentlich sein Unglaube? Er leugnet die Endursachen*). Er sagt, die Menschen sind zwar beständig beschäftigt, etwas außer sich wirklich zu machen, was schon in ihrer Idee existirte. Allein diese Vorstellungen, von denen ihre Wirksamkeit bestimmt wird, haben wieder ihre wirkende Ursachen außer sich, sie sind in den vorhergegangenen sinnlichen Eindrücken, und den Veränderungen der Welt gegründet, die auf die Menschen Einfluß haben. Indem also der Begriff von Endursachen, auf die Gottheit angewendet, und der Gedanke als die letzte Ursache aller Dinge angegeben wird, so macht man das, was in der Natur das erste ist, zum letzten, und das letzte zum ersten. Wenn Gott um einer Sache, oder einer Idee willen, etwas anders wirkte, so müßte diese letztere schon in seinem Verstande existiren, indem er sie als einen Zweck denkt. Sie existirt also

*) Ethica Pars I. Appendix.

vor der wirkenden Ursache durch die sie erst hervorgebracht werden sollte: da nun in seinem Systeme die Dinge von der Vorstellung, die Gott von ihnen hat, nicht verschieden sind, müßte eine Sache existiren, ehe sie existirt, um den Begriff der Endursachen zu rechtfertigen.

Nun entstehn in den gewöhnlichen Systemen zwar nicht diese nehmlichen Schwierigkeiten, aber andre gleich wichtige. Alles Wirken der Menschen besteht im Zusammensetzen der in verschiedner Gestalt erhaltnen sinnlichen Ideen. Wirken nach Endzweck und Absicht ist also nur in den Wesen gedenkbar, die der Sinnlichkeit unterworfen sind, nicht aber in demjenigen, das die Quelle aller sinnlichen Erscheinungen ist, und selbst nicht unter Bestimmungen der sinnlichen Erscheinung gedacht werden darf. Ferner kann ich in den gewöhnlichen Systemen fragen: könnte die Allmacht Gottes nicht alles was sie will, ohne Mittel wirken? Ist es nicht der Allweisheit angemessen, nichts zu wirken als was an sich Zweck ist? Ist nicht daher das ganze existirende nur ein Zweck? Und schließt dieses nicht die Begriffe aus, die Menschen unter den Wor ten, Zweck, Absicht, Mittel, denken? kömt es nicht also auch hier wiederum nur allein darauf an, daß die Welt mit den Ideen der Gottheit von Ordnung, Schönheit, Vollkommenheit harmonire?

Man wird einwerfen: diesen Aeußerungen zu folge, wirke die Gottheit nichts. Aber erklärt denn irgend ein System, was wirken ist? und wie etwas gewirkt wird? Ist es nicht in jedem Systeme ein Trugschluß, Begriffe, die aus der Erfahrung genommen sind, auf das anzuwenden, was aller Erfahrung zum Grunde, und also außer ihr liegt? Und ist es nicht für die Religion hinlänglich, daß eine nothwendige Verbindung zwischen den Veränderungen der Welt, und den Ideen der Gottheit von Ordnung und Vollkommenheit sey? ohne daß man sich über die Art dieser Verbindung erkläre, über welche doch niemand etwas deutliches zu sagen vermag.

Es beruhet also alles auf der Frage, ob wir Ideen von Ordnung und Vollkommenheit in einem die ganze Welt erkennenden Geiste annehmen müssen, um die sinnliche Welt zu erklären, und für diese Frage ist es gleichgültig, ob diese Welt in Gott exiſtire, oder ob nur ein Urbild von ihr im göttlichen Verſtande iſt, und ſie ſelbſt nach dieſem, noch außer der Gottheit eine Exiſtenz erhalten habe.

So viel von der Gottheit. Die Unſterblichkeit der Seele wird zwar nicht durchgehends als eine eben ſo nothwendige Lehre der natürlichen Theologie angeſehen, und das Beyſpiel großer Männer des Alterthums kann uns belehren, daß die erhabenſte natürliche Religion ſo vieler Beſchäftigung der Einbildungskraft mit der Zukunft nicht bedürfe: da indeſſen die mehreſten Leſer eine natürliche Theologie ſehr mangelhaft finden würden, in welcher das Leben nach dem Tode nicht wenigſtens als wahrſcheinlich gelehrt würde, ſo muß ich auch das Verhältniß der Metaphyſik des Spinoza zu dieſer Lehre zeigen. Er nahm an *): daß die Vorſtellungen der menſchlichen Seele, die ſich nicht auf die beſondern Verhältniſſe des Körpers beziehen, und die Erkenntniß der Vernunftwahrheiten, den Körper überleben, und ewig ſeyen. Er lehrte

---

*) Ethica, Pars V. Prop. XXIII.

also eine Unsterblichkeit der Seele, ungefähr so wie Plato *): eine andre leugnete er **). Ist aber in den Erscheinungen der Welt hinlänglicher Grund zu vermuthen, daß der Plan von Vollkommenheit, den wir in ihm wahrnehmen, es erfodre, daß die Verbindung von Ideen und Empfindungen, die den Menschen ausmacht, auch nach seinem Tode fortgesetzt werde, so haben wir gleichen Grund, die persönliche Fortdauer des Menschen, ja auch Strafen und Belohnungen zu behaupten, die Seele mag eine Substanz oder eine Modification der einzigen Substanz seyn: denn es ist hier die Frage, ob

---

*) Es ist ganz falsch, daß Plato sich unter der Unsterblichkeit der Seele eben das gedacht habe, was wir beim Leben nach dem Tode denken, in welchem der Mensch fortleben wird, da nach dem Plato nur der Theil der Seele übrig bleibt, der an den Schiksalen des gegenwärtigen Lebens, den geringsten Antheil hat. Man muß ja nicht die Vorstellungen und Beweise in Mendelssohns Phädon alle für Platonisch halten. Der größte Theil davon ist, wie er selbst anzeigt, aus der spätern Philosophie, und nur nach Platonischer Manier vorgetragen.

**) Ethica. Pars V. Prop. XXI.

der Mensch fortfahren werde, mit seinem jetzigen Bewußtseyn zu existiren, und nicht, was den Erscheinungen zum Grunde liege, die wir in uns wahrnehmen, und wie diese mit den Dingen außer uns zusammenhängen.

Und nicht blos die Lehren, die wir zur natürlichen Religion rechnen, auch die christliche Religion läßt sich mit den metaphysischen Ideen des Spinoza vereinigen, denn es widerspricht ihnen wenigstens nicht, anzunehmen: daß es Modificationen der unendlichen Substanz gebe, die über die menschliche Natur sehr weit erhaben sind, und eine erhabenste unter allen, durch welche alles, was uns übernatürlich heißt, bewirkt worden: daß die unsinnlichen geistigen Ideen, die nach den Begriffen des Plato und vieler christlichen Theologen, das Wesen der Gottheit ausmachen, und die nach dem Systeme des Spinoza gleichfalls, in der Gottheit wenigstens angenommen werden können, daß diese in einer von den Modificationen der Gottheit, die eine menschliche Natur ausmachen, so viel mehr, als in allen übrigen, sich darstellen, und daß jene badurch vor diesen alle Vorzüge erhalte, welche die

die christlichen Theologen, Christo vor allen übrigen Wesen zuschreiben.

Auch in dem Systeme des Spinoza, wird also hier alles auf historische Beweise und auf historische Critik ankommen, um das Wahre von dem Falschen zu unterscheiden, und nicht etwa Gedichte für Facta zu nehmen, und dasjenige aus übernatürlichen, das ist, von der gewöhnlichen Erfahrung abweichenden Begebenheiten zu erklären, was sich aus den allgemein bemerkten Eigenschaften des menschlichen Geistes schon hinlänglich erklären läßt: so wie wir alles dieses in jedem Systeme bedürfen, um die wahre von falschen Religionen zu unterscheiden.

―――

3.

Meine Leser werden vielleicht fragen, warum ich sie bemühe, einer weitläuftigen Untersuchung zu folgen, aus der sich doch nur ergeben soll, ob der Unglaube eines längst verurtheilten Grüblers, mit seinen übrigen Träumereyen nothwendig zusammenhänge, oder ob er diesen letztern unbeschadet, über die Religion besser habe denken können, als er gedacht haben mag? Allein es ist diese ganze Untersuchung von der äußersten Wichtigkeit für den Philosophen, der bey dreister, unpartheyischer und scharfer Prüfung finden wird, daß alle Dogmatische Metaphysik nothwendig auf dieses System führt.

Nicht daß sich erweisen laße, es existire nur Eine Substanz, oder daß gar die Beweise, die Spinoza für diese Behauptung geführt, bündig seyn sollten. Die Erklärungen die er seiner Ausführung voranschickt, sind so willkührlich und übel zusammengesetzt, als die Grunderklärungen andrer Systeme: aber der Hauptgedanke des seinigen beruhet auch nicht allein auf den Scheinbeweisen, die er dafür geführt. Noch weniger steht und fällt er mit der geometrischen Methode, in der er ihn erweisen zu können glaubte, welche zwar in der Philosophie da keine Evidenz erzeugt, wo die Natur der Begriffe keine verstattet, und vielmehr zu einer ganz falschen Behandlung derselben verleitet, aber doch zu bestimmten Begriffen nöthigt, darin sich das Willkührliche und mithin die Quelle des Irthums leichter aufsuchen läßt, als in dem herumschweifenden, unbestimmten, und freylich bequemern Vortrage, der jene Methode verdrängt hat.

Spinoza ward durch die Philosophie der damaligen Zeiten veranlaßt, seinen Gang zu nehmen. Es lassen sich aber sogar aus den gewöhnlichen Vorstellungen von dem Verhältnisse Gottes zu der Welt, die aus der Natur der Körperwelt erwiesen werden sollen, ohne daß man sich jedoch auf die Metaphysische Frage von der innern Beschaffenheit dieser Körperwelt einläßt, ähnliche Begriffe ziehen.

Einige Bewegungen der Körperwelt sind Wirkungen der empfindenden und denkenden Wesen; die Analogie läßt uns also vermuthen, daß alle übrigen Bewegungen gleichfals die Wirkung der Erkenntniß und Empfindung seyn. Und da in der Verbindung der mannigfaltigen Wesen, Ordnung und Beziehung auf einander zu seyn scheint, so muß die Erkenntniß und Empfindung, deren Wirkung sie ist, einem höchst verständigen und höchst gütigen Wesen zukommen.

So lautet die gewöhnliche Physicotheologische Theorie, in der Form, die den wenigsten

Schwierigkeiten ausgesetzt ist. Dennoch treffen auch sie, viele von denjenigen, wodurch mehrere Schriftsteller, vorzüglich aber Kant,*) die Unzulänglichkeit der gewöhnlichen Gründe bewiesen haben, die gewöhnlichen Folgerungen darauf zu stützen. Zu diesen bekannten Schwierigkeiten füge ich noch folgende hinzu.

Alle Wirkungen des Geistes sind mit Organisation verbunden, so weit wir sehen. Der Analogie nach mußten wir also schließen, daß in der Welt nichts empfinde und nichts wirke, als durch organisirte Körper.

Auf der andern Seite ist diese Organisation der hauptsächlichste, ja meines Erachtens beynahe der einzige deutliche Grund, Ordnung und Absicht in den Erscheinungen der Körperwelt anzunehmen: denn die Wirkung, Beziehung und Absicht eines organisirten Körpers ist vermöge ihres Umfanges, unserm Verstande begreiflich, alle übrigen Verbindungen von Veränderungen und Begebenheiten in der Welt aber sind für denselben viel zu gros.

*) in seinem einzig möglichen Beweisgrunde zu einer Demonstration des Daseyn Gottes, und in der Critik der reinen Vernunft.

Es ist also in der Analogie selbst, die diese Theologie begründet, ein auffallender Widerspruch: indem die Organisation eines Theils Wirkung und andern Theils Bedingung des Verstandes zu seyn scheint *). Dieser Wiederspruch muß uns schon auf die Gedanken führen, der sich in tiefern metaphysischen Untersuchungen noch mehr bestätigen wird, daß unter den Vorstellungen des höchsten Wesens und der Welt zwar eine nothwendige Gemeinschaft statt

---

*) Wer hier etwa die materialistische Behauptung zu finden glaubte, daß die Seele aus der Zusammensetzung empfindungsloser Materie entstehe, würde sich sehr irren. Aus dieser Zusammensetzung, und den Veränderungen, die sie erleidet, kann weder Erkenntniß der Vernunft, noch auch sinnliche Empfindung (Sensation) entspringen: wohl aber hängen die mannichfaltigen Verbindungen derselben, aus denen die Erscheinungen der Sinne, der Einbildungskraft und zum Theil auch des Verstandes, entspringen, von der Organisation ab, und von der Verbindung der Seele mit der Welt, vermittelst dieser Organisation. Zu den Erscheinungen des Verstandes und der Einbildungskraft aber, gehören auch die menschlichen Absichten.

finden müsse: daß dieselbe aber nicht durch das Verhältniß der Ursache zur Wirkung ausgedrükt werden könne.

Die Organisation rührt auch gar nicht von einer äußerlich auf die Materie wirkenden Kraft her: denn äußere Ursachen können nur äußre Gestalt hervorbringen. Die Organisation aber besteht nicht in einer besondern Beschaffenheit der äußern Gestalt der Materie. Sie ist vielmehr in dem innern Wesen der Dinge gegründet, wie sich denn auch Anlage zu einiger Organisation oder doch zu bestimter Bildung in aller Materie findet. Daher Leibniz sogar behauptete, alle Generation sey bloße Entwicklung der ursprünglichen Organisation, die unmittelbar in dem Wesen der Dinge gegründet, und mit ihnen zugleich entstanden sey. *) Nun aber läßt sich kein blos leidendes Wesen gedenken. **) Ist

---

*) Sur les Principes de vie. Opp. Tom. II. Pars I. p. 43.

**) Wenn Leibniz behauptet, daß die Materie blos leidend sey, so versteht er unter derselben die scheinbare ausgedehnte Materie, und setzt ihr die innere Beschaffenheit des wirklich existirenden entgegen, welches nach seiner Erklärung ganz thätig ist.

also die vollständige Ursache der Beschaffenheiten der Welt und ihrer Veränderungen in der Erkenntniß enthalten, so muß diese Erkenntniß demselben Wesen beygelegt werden, welches zugleich die Veränderungen erleidet. Ist in den Veränderungen der Welt absichtvolle Verbindung, so muß auch diese Erkenntniß in Verbindung mit einander stehn. Zu dieser Verbindung gehören die Wirkungen der menschlichen und andern Geister: es sind also auch die Vorstellungen derselben, eben dem großen Geiste zuzuschreiben, der das Ganze beseelt, wenn wir uns gleich nicht in ihm fühlen, eben deswegen, weil wir nur einen sehr kleinen Theil dieser unendlich großen Denkkraft oder Gedankensystems ausmachen.

Philosophische und theologische Schwärmer haben dieses auf mannichfaltige Art ausgedrückt. Wenn aber ihre Behauptungen auf bestimmte Begriffe zurükgeführt werden, so geben sie nichts anders, als den Gedanken des Spinoza, daß die Welt nur Modification der Gottheit sey.

Da nun die gewöhnliche Theorie von der Gottheit und der Welt so leicht dahin führt, so ist es sehr natürlich, daß solche die nur eine superficielle Idee vom Systeme des Spinoza hatten, dasselbe in den unvollständigen Ueberbleibseln der unbestimmten und ganz unmetaphysischen Cosmogonien der ältesten Naturforscher wieder zu finden glaubten, obgleich es immer höchst unphilosophisch war, anzunehmen, daß diese eben das darunter gedacht, was Spinoza aus ganz andern Gründen, und in ganz anderm Zusammenhange lehrte.

Aber schon zu lange habe ich mich dabey aufgehalten, Folgerungen herzuleiten aus ganz unbestimmten Begriffen von Kraft, Thätigkeit, Leiden, die bald Erscheinungen, bald das Wesen der Dinge an sich selbst andeuten sollen.

Ich habe anitzt zu zeigen, daß Dogmatische Metaphysik, dafern sie gründlich seyn soll, noch viel unvermeidlicher auf die Vorstellungen führt, die das Wesentliche von dem Systeme des Spinoza ausmachen. Eine solche metaphysische Theorie nehmlich, die auf Beweise aus Begriffen gegründet ist. Es giebt zwar vielerley Systeme über die abstracten Ideen, welche den Gegenstand der Metaphyſik ausmachen: ſo viel Mühe man ſich aber auch geben mag, durch Einmiſchung pſychologiſcher Erfahrungen, die nicht dahin gehören, den Lehren ein Anſehen von Wiſſenſchaft zu geben, ſo werden dennoch alle, die eine ſolche Metaphyſik a poſteriori vortragen, durch eine Folge von Fragen, die ſtrenge bey der Sache bleiben, genöthigt, am Ende zu bekennen, daß ſie ſich gar nicht getrauen, irgend etwas beſtimmtes und verſtändliches vom Weſen der Dinge zu behaupten. Sie mögen alſo den Skeptikern beygezählt werden, von denen ſie ſich nur dadurch unterſcheiden, daß dieſe beſtimt und aus Gründen behaupten, alle metaphyſiſche Erkenntniß ſey unmöglich: da hingegen jene die Anſprüche auf Wiſſenſchaft weder anſtändig aufzugeben, noch gründlich zu behaupten vermögen, und durch Meynungen den Mangel der Erkenntniß zu verdecken trachten.

So bald wir über Schein und Weſen philoſophiren, ſo findet ſich, daß alle Gegenſtände unſrer Vorſtellungen, Erſcheinungen, und unſre Vorſtellungen als ſolche, allein zu gleich wirklich das sind was sie scheinen. So viel Begriffe von Wesen und Schein man auch zum Behufe andrer Wissenschaften mit hinlänglichem Grunde bilden mag, so wird ihre Anwendung außerhalb dem Gebiete ihrer Entstehung nur den blendenden Schein einer angeblichen Theorie erzeugen, die auf Täuschung gegründet ist. Dieses beweisen genugsam alle materialistischen Systeme, die in alten und neuen Zeiten aufgestellt worden, um die Welt zu erklären. Diese Verwechslung der sinnlichen Erscheinungen, mit den Dingen an sich selbst, führt ganz unvermeidlich in alle die Widersprüche, durch welche die Skeptiker beweisen wollten*), daß es gar keine Wahrheit für den Verstand des Menschen gebe; und von denen keine andre befriedigende Auflösung gegeben werden kann, als diejenige welche Leibnitz traf, indem er entdeckte, daß die Ausdehnung blos in der Vorstellung existire, oder wie Kant es noch richtiger be-

---

*) Man findet die Raisonnemens der alten, im Sextus Empiricus adv. Physicos: der neuern vorzüglich in Humes Treatise on human Nature.

stimmt, daß die Ausdehnung nur die unserm Verstande angebohrne Form der sinnlichen Erscheinungen sey.

Von wahrem Seyn, das nicht in einer Vorstellung bestünde, haben wir nicht allein keinen Begriff, sondern es ist auch sogar unmöglich, jemals einen Begrif davon zu erhalten; denn derselbe wäre schon Vorstellung. Nun ist zwar auch die Vorstellung des innern Sinnes, in so fern sie der Zeitbestimmung unterworfen ist, nicht frey von Scheine: es ist aber außer diesem noch etwas in dem Gedanken, der reine Verstandesbegriff. Diesen reinen Verstandesbegriff erklärte daher Leibnitz für das einzige wirklich existirende. Daß diese Begriffe des reinen Verstandes an sich nicht Erscheinung seyn, ist unwidersprechlich; allein wir erkennen sie durchaus nicht anders, als in der Anwendung auf sinnliche Erscheinungen. Sie bedürfen ganz nothwendig eines erscheinenden Gegenstandes, und da sie nicht an sich selbst, als etwas für sich bestehendes, gedacht werden können, so läßt sich daraus nicht der Begriff des existirenden an sich selbst, bilden. Noch weniger läßt sich behaupten daß der reine Verstand das einzige wirklich existirende sey. Leibniz führt zwar dafür folgenden Beweis:

„Allenthalben wo mehreres in einem ist, „da ist auch Vorstellung: denn dieses mehrere „in einem, ist nur in einem Begriffe möglich. „Es ist aber allenthalben in der sinnlichen „Welt mehreres in einem, also liegt auch die„ser sinnlichen Welt allenthalben Vorstellung „zum Grunde." Allein das mehrere in einem, existirt allenthalben nur in der sinnlichen Wahrnehmung: Leibniz macht also hier diese Wahrnehmung, die er erst für Täuschung erklärt hatte, und die uns Erscheinung ist, (ihre Form in der Vorstellung des erkennenden Wesens erhält) zu etwas Reellem an sich selbst.

Der Beweis fällt also weg *). Ferner müßte sich, wenn unser Begriff vom Daseyn,

---

*) Man könnte vielleicht glauben, Kant lehre dasselbe was Leibniz behauptet, wenn er zeigt, daß Objectives in der Wahrnehmung nur dann sey, wenn mehrere Wahrnehmungen in den Begriff eines Objects verbunden werden

das Daseyn selbst ausdrücken sollte, aus demselben alles herleiten lassen, was im wirklichen Daseyn liegt. Dieses hat aber noch nicht können bewerkstelligt werden. Denn,

Erstlich, folgt aus dem Begriffe einer Vorstellungskraft gar nicht, warum und wie sich dieselbe einer andern in sinnlicher Erscheinung darstellen könne. Dieser Schwierigkeit weicht Leibniz durch die Voraussetzung aus, daß jede Monade ein (oft dunkles) Gefühl ihres eignen äußern Zustandes habe, sich mithin selbst sinnlich erscheine. Wir sind uns zwar durch das innere Gefühl von uns selbst, nichts von dem bewußt, wie wir einem andern durch die äußern Sinns erscheinen. Wir empfinden von uns selbst, weder Farbe, noch Ton, noch Geruch, noch Geschmack, noch auch etwas, vermöge dessen wir einem andern diese Arten von Vorstellungen, und zwar bestimmte

können. Allein er unterscheidet sehr wohl diesen Begriff eines Objects von dem Wesen des Objects an sich, welches außer aller Vorstellung liegt, aber auch eben deswegen für uns nichts ist, wenn es gleich an sich etwas seyn mag.

Vorstellungen von dieser oder jener Farbe, Ton, u. s. w. erregen müßten: ja nicht einmal Ausdehnung, welches doch die allgemeine Bedingung ist, unter welcher allein sinnliche äußre Empfindungen möglich sind. Die Leibnitzianer antworten hierauf: es ist nicht die Monade, die als Körper erscheint, sondern die Zusammensetzung mehrerer Monaden, und in dieser Zusammensetzung ist der Grund der Verschiedenheit sinnlicher Erscheinungen zu suchen: ein Lehrsatz, zu dem uns schon die gewöhnliche, aber ohnerachtet aller bisherigen Bemühungen jedoch noch unzulängliche physicalische Theorie leitet, nach welcher aller Unterschied der Körper, in der verschiednen Zusammensetzung jedes Körpers besteht. Allein es ist ganz unbegreiflich, wie aus der Vorstellung des Verhältnisses unausgedehnter Wesen die Vorstellung des Raumes entstehn könne, welche schon erfordert wird, um äußre Verhältnisse sinnlich zu erkennen, und nicht aus der Vorstellung des Verhältnisses entspringt. Es entstehn ferner noch immer mehr Schwierigkeiten, wenn man weiter fragt, wie aus der Verschiedenheit in der Zusammensetzung der Monaden, die specifisch unterschiednen sinnlichen Vorstellungen entstehen? das ist, um die Sache so deutlich als möglich zu machen, warum von zween Körpern, die sich nur dadurch von einander unterscheiden, daß die Theile des einen, sich in einer andern Lage gegen einander befinden, als die Theile des andern, der eine roth und der andre blau erscheint? Diese letzte Frage hat noch keiner aus der Schule, die sonst alle Erscheinungen in der menschlichen Seele, aus dem mehr oder minder erklärt, und dadurch die Erkenntniß der ganzen Natur mathematischer Demonstration unterwerfen will, beantworten können. Die sinnlichen Vorstellungen mögen in der Seele liegen, und nur durch das (nach dem Systeme der Harmonie, ideale, andern Systemen zu folge, reelle) Verhältniß derselben zu äußern Gegenständen in ihr aufgeweckt werden: dies schiebt die Schwierigkeit nur weiter hinaus, ohne sie zu heben. Denn warum erweckt ein Gegenstand die eine, und ein andrer, die andre sinnliche Vorstellung? Wären die Vorstellungen der sinnlichen Welt unveränderlich, so würde alles dieses durch die ursprüngliche Beschaffenheit der Vorstellungen beantwortet, nach deren Ursache man zu fragen keine Veranlassung hätte: aber die Abänderungen der sinnlichen Vorstellungen sind aus dem Begriffe der Vorstellungskraft nicht zu erklären, und beweisen unumstößlich, daß nach außer derselben irgend etwas unbekantes darin mitwirke. Auch sagt Leibniz immer nur, daß aus der Kraft der Monaden die sinnliche Erscheinung des Körpers entstehe, ohne angeben zu können, wie dieses zugehe,*) welches doch geschehen müßte, wenn wir von dem Wesen der Monaden selbst einen vollständigen Begriff hätten. Es ist also nicht nur die physicalische Theorie, welche alle Erscheinungen der Natur aus einem höchsten Begriffe ableitet,

---

*) Man sehe, was er an verschiednen Orten von der Materia prima sagt, (vorzüglich de ipsa Natura sive de vi insita. Opp T. II. P. I. p. 49 seqq.) welche von den Entelechien unzertrennlich sey, und den Grund aller Gesetze mechanischer, körperlicher Veränderungen enthalte, die er aber nie aus dem Begriffe dieser Entelechie erklärt.

unzulänglich, sondern es würde immer noch, wenn sie auch dereinst einmal zu einer befriedigenden Vollständigkeit und Einheit erhoben werden sollte, der Uebergang zu der metaphysischen Theorie fehlen.

Zweitens deutet das Selbstgefühl an, unsre Seele bestehe aus mehr als bloßer Erkenntniß und Empfindung, indem aus diesen beyden Begriffen noch nicht erklärt werden kann, warum mit größerer Erkenntniß, mit dem Gefühle eines vollkommnen Zustandes, die Empfindung des Vergnügens, und mit der Vorstellung von der Abnahme dieser Vollkommenheit, die Empfindung des Schmerzens verbunden seyn müße. Wir vermögen die Empfindungen von den Vorstellungen, mit denen sie verbunden sind, nicht willkührlich zu trennen, ohne daß doch aus ihrer bloßen Anschauung, die Nothwendigkeit ihrer Verbindung erhelle. Vielmehr läßt sich gar wohl ein Wesen denken, das bald größere, bald geringere Erkenntniß, Gefühl eines bald mehr bald weniger vollkommnen Zustandes, und entweder gar kein Vergnügen, oder nach dem Maaße seiner jedesmaligen Vollkommenheit,

D

bald mehr, bald weniger Vergnügen empfinde, ohne doch jemals den Schmerz kennen zu lernen. Die Leibnizianer entgehn dieser Schwierigkeit dadurch, daß sie alle Empfindung in Erkenntniß von Vollkommenheit auflösen, und (wiewohl immer vergeblich) aus dem Wesen eines Geistes zu beweisen suchen, er müße an selbsteigner Vollkommenheit Vergnügen finden, da sie doch nur aus der Erfahrung beweisen können, daß diese Empfindung des Vergnügens mit jener (bald deutlichen bald dunkeln) Erkenntniß vergesellschaftet sey: ein Trugschluß den schon Spinoza dadurch vorbereitete, daß er Laetitiam durch passionem *qua* mens ad maiorem perfectionem transit, und Tristitiam durch passionem *qua* mens ad minorem transit perfectionem,*) erklärt.

---

*) Ethica Pars III. Schol. Prop. XI. Diese Erklärung enthält sonst eine zum großen Nachtheile der Psychologie nach ihm vernachläßigte vortrefliche Bemerkung in dem Worte transit. Das Vergnügen ist nicht mit der Erkenntniß der Vollkommenheit verbunden, auch nicht mit der Erkenntniß des selbsteignen vollkommnen Zustandes, sondern mit dem Gefühle des Ueberganges zu größerer Vollkommenheit.

Es ist also zwar auf einer Seite der Anspruch des Leibnizischen Systems auf Evidenz ungegründet: auf der andern Seite aber kann die Unmöglichkeit nicht erwiesen werden, daß alles, was unsrer Erkenntniß zur Vollständigkeit fehlt, in noch anderen Vorstellungen bestehe, und als Hypothese, ist es daher unwiderleglich.

Das Leibnizische System nun, führt ganz unvermeidlich zu dem Systeme des Spinoza. Denn:

Wenn nichts existirt als Vorstellungen, der unendlichen Gottheit aber vollkommne Vorstellungen von allem existirenden beygelegt werden müßen: wodurch unterscheiden sich alsdenn die Vorstellungen der eingeschränkten Wesen, von den Bildern, die die Gottheit von denselben Gegenständen hat? Wir gerathen unfehlbar in folgendes Dilamma: entweder giebt es keine unendliche Gottheit, oder es giebt nichts außer ihr.

Es sind zwar alle Beweise, die die Metaphysiker für die Existenz einer von der Welt unterschiednen unendlichen Gottheit a priori geführt haben, unzulänglich, wie dieses von mehreren vorzüglich aber von Herrn Kant*) und mit Einschluß des von demselben vormals angegebnen, von ihm selbst und von Herrn Ulrich**) sehr gründlich gezeigt worden. ***) Es bleibt aber noch immer ein unwiderleglicher Beweis der Wahrscheinlichkeit übrig, den ich, weil er an kein System gebunden, sondern in allen anwendbar ist, weiter unten vortragen werde. Dieser Beweis geht zwar die Metaphysik nichts an, und es kann daher niemals dadurch die absolute Unendlichkeit erwiesen werden: aber es findet

---

*) in seinem Einzig möglichen Beweisgrunde zu einer Demonstration des Daseyns Gottes.

**) S. die Critik der reinen Vernunft, und Ulrichs institutiones Logic. & Metaphys. 322. Ein äußerst reichhaltiges Werk, das die mehrsten bisher sonst gebräuchlichen Compendien sehr weit hinter sich läßt.

***) Um nicht eine bereits vollendete Arbeit wieder von vorne anzufangen, wiederhohle ich hier diese Gründe nicht, die noch nie widerlegt worden sind, wenn gleich von Zeit zu Zeit, bald die eine bald die andre von den alten Demonstrationen in veränderter Gestalt und mit guten Bemerkungen aufgeputzt, aber nicht mit bessern Gründen versehen, aufs neue vorgetragen werden.

dennoch immer die Frage dabey statt, ob nicht alles erscheinende einer einzigen Substanz müße zugeschrieben werden, wenn wir uns anmaaßen wollen, die Substanz selbst zu einem Gegenstande unsrer Erkenntniß zu machen?

Den eingeschränkten Monaden kann zwar durch gewiße Voraussetzungen des Leibnitzischen Systems ihre vor sich bestehende Substantialität erhalten werden, wie ich in der bereits angeführten, nach Leibnitzischen Grundsätzen abgefaßten, Abhandlung über das Wesen und die Einschränkungen der Kräfte gezeigt habe; allein diese Voraussetzungen sind niemals erwiesen worden. Leibniz selbst stellt sie als Axiomata auf, und Wolf erweiset sie nur aus willkührlichen Definitionen. Auch faßt die Wolfische Definition von der Substanz schon den Hauptgrundsatz von dem Systeme des Spinoza in sich: denn wenn nur das Substanz ist, was die Quelle seiner Veränderungen in sich selbst hat, so ist entweder die Seele selbstständig, und von der Gottheit ganz unabhängig, oder nicht Substanz, sondern Modification der Gottheit.

Da es nun unmöglich ist, daß uns etwas existirendes, außer Vorstellungen, seinem innern Wesen nach bekannt werde, so ist es auch ein vergebliches Bemühen, nach Leibniz noch ein andres System vom Erkenntniß der Dinge an sich selbst, (der ὄντως ὄντων) erweisen oder erdichten zu wollen.

Indeßen haben noch immer viele Metaphysiker auch seit Leibnitzens Zeiten behauptet, daß es möglich sey, das Wesen eines Dinges, das nicht in Vorstellungen bestünde, zu erkennen, wenn es ihnen gleich unmöglich war, einen positiven Begriff davon zu geben. Worin aber auch dieses Wesen bestehn mögte, so führt allemal die Behauptung, daß wir einen Begriff von demjenigen haben, was die Substanz an sich ist, im Gegensatze der abwechselnden Erscheinung, darauf, daß es nur Eine Substanz gebe.

Spinoza erweiset diese Behauptung aus der Voraussetzung, daß die Attribute der Substanz selbst, auch außer der Erscheinung angehören, die modi aber blos in der Erscheinung existiren: daß also die Substanz an sich, ohne die letzten gedacht werden müße. (Locke's primary und secondary qualities.) Dieser Beweis wird also nicht dadurch umgestoßen, wenn man zeigt, daß einiges, welches Spinoza für Attribute der Substanz ausgegeben, nur Phänomen sey. Wolf zeigt dieses sehr gut *) von der Ausdehnung, welche Spinoza (von dem Des Cartes verleitet) für etwas an sich, außer der Vorstellung hielt: und dadurch erscheint das System dieses großen Denkers uns, die wir durch Leibniz und Kant an richtigere Vorstellungen von Zeit und Raum gewöhnt worden, in einem ganz falschen Lichte. Aber die Hauptsache bleibt die nehmliche, und man darf nur allenthalben, wo er von Ausdehnung spricht (als in welche er mit dem Des Cartes das Wesen des Körpers setzt) Vorstellung von Ausdehnung schreiben. Spinoza sahe selbst am Ende ein, **) daß die Materie nicht durch die Ausdehnung

---

*) Theol. nat. Pars II. § 689 seqq.

**) sagt er im 73sten Briefe, dem letzten vor seinem Tode unter den vorhandnen. Man vergleiche damit den 66sten Brief. Es ist sehr zu bedauren, daß die in jenem versprochne Erläuterung sich nicht findet.

erklärt werden könne. Dieses widerspricht zwar allen seinen übrigen Aeußerungen, allein auch hiedurch fällt sein System noch nicht. Denn es käme nunmehr nur darauf an, dasjenige Attributum, quod aeternam et infinitam Essentiam exprimit, auszufinden, woraus die Nothwendigkeit der Verschiedenheit materieller Gestalten erhellen würde: das ist: das Principium der Generation der Körper im weitesten Verstande, welches aber noch in keinem metaphysischen oder physischen Systeme hat können geleistet werden.

Wolf stellt den Begriffen und Beweisen des Spinoza nur seine eignen entgegen, die eben denselben Einwürfen ausgesetzt sind. Denn er bemerkt zwar sehr gut,*) daß die Attributa das Wesen der Substanz nicht völlig erschöpfen, und wenn man ihm die Instanz machte, daß er selbst die Vorstellung als das Wesen der Monaden angiebt, so würde er sich durch den Unterschied der Vorstellung von der Vorstellungskraft retten, in welcher letztern eigentlich das Wesen jener bestehen soll. Er würde aber

---

*) Theolog. natur. Pars II. § 679.

schwerlich einen deutlichen Begriff davon geben können, was diese Kraft an sich sey.

Worin aber auch die Metaphysiker das Wesen der Substanz setzen mögen, so folgt immer aus der Behauptung, daß wir einen Begriff von demjenigen haben, was die Substanz an sich ist, im Gegensatze der abwechselnden Erscheinung, der Hauptgrundsatz des Spinoza.

Denn wenn die Substanz von allen ihren Accidenzen abgesondert, einen Begriff giebt, der ihr Wesen ausdrückt, so ist ganz klar, daß wir von mehreren Substanzen einerley Art nur einen Begriff haben, daß alle ihre numerische Verschiedenheit nur in den Accidenzen gegründet sey, mithin in der Erscheinung existire, und es also nicht mehrere Substanzen geben könne, denen dieselben Attribute zukommen. *) Und da die Substanzen, denen noch so verschiedne Attribute beygelegt werden, alle wiederum nur einen und denselben Begriff geben, wenn man sie abgesondert von ihren Attributen betrachtet, (welche sämtlich doch nur

D 5

*) Die 5te Propos. im ersten Buche der Ethica des Spinoza.

Erscheinungen sind), so ist auch schlechterdings kein Grund vorhanden, warum diese Attribute mehreren Substanzen zugeschrieben werden sollten, und es giebt nur eine einzige Substanz. *)

Dieser Beweis ist ganz allgemein, und paßt auf alle Begriffe, die gegeben werden mögen, weil er sich auf das Wesen des Begriffs gründet. Es würde also nur ein nichtiger Vorwand seyn, daß wir nicht zu bestimmen vermögen, was noch irgend ein Philosoph für einen Begriff als das Wesen der Substanz angeben werde. Es läßt sich aber außerdem gar wohl ausfinden, was es für ein Begriff sey, zu dem die Metaphysiker ihre Zuflucht nothwendig nehmen müssen. Es ist dieses nehmlich kein andrer, als die Existenz, das Seyn. Da alle dem Verstande mögliche Begriffe, eine Art in diesem Verstande zu seyn andeuten, so bleibt nichts anders übrig, das auf die Dinge selbst, wie sie außer dem Verstande existiren, anwendbar wäre, als der absolute Begriff des Seyns, ohne alle Bestim-

---

*) Ethica Pars I. Propos. XIV. Coroll. I.

mung. Die Substanz wäre also (wie auch schon der alte Nams ὄντως ὄν andeutet) das Existirende. Da nun in dem Begriffe des Seyns, keine besondre Art der Existenz liegt, so sind alle Arten desselben, Attribute dieser Substanz, und weil in dem Seyn eben so wenig der Grund zu einer Zahl liegt, als welcher Begriff blos auf die Erscheinung angewendet werden kann, so ist nur eine einzige Substanz, wenn anders ihr Wesen durch den Begriff des Seyns, ausgedruckt wird. *)

Obwohl dieses Raisonnement nach den Grundsätzen der Metaphysik ganz unwiderleglich ist, so wird es doch selbst denjenigen, der jene Grundsätze für richtig hält, schwerlich vollkommen überzeugen, wenn er gleich in der Schlußfolge keinen Fehler entdecken kan. Dieser Fehler muß also höher hinauf in den Begriffen selbst liegen, und das wird sich auch so finden.

*) Dieser Beweis findet sich wirklich, nur anders ausgedrückt, im XLI Briefe des Spinoza Opp. posth. p. 525.

Es ist bereits die sehr gegründete Anmerkung gemacht worden *), daß die Existenz gar keinen Begriff giebt. Weil aber die besondern Arten der Existenz allemal Erscheinung sind, und also etwas Subjectives in sich enthalten, so fällt hiemit die Möglichkeit weg, irgend einen Begriff anzugeben, der das Wesen der Substanz andeute.

Die wahre Antwort auf den Beweis des Spinoza ist also diese: Zu der individuellen Vorstellung von einer Substanz gehören die Attribute nicht mehr als alle modi. Die Attribute sind bloße Universalia, entia rationis, oder Form der Erscheinung. Diese Attributa, welche Spinoza zu dem Wesen der Substanz an sich erhob, weil sie von der Erfahrung unabhängig sind, und also nicht in dem existiren, was sinnlich erscheint; die una, vera, et infinita sind, im Gegensatze aller Erscheinung, die vielfach, täuschend und eingeschränkt ist; diese Attribute existiren blos in der Vorstellung: sie sind die Form der Erkenntniß, und sowohl ein-

---

*) In Kants einzig möglichen Beweisgrunde zu einer Demonstration des Daseyns Gottes. S. auch Leibnitz Nouv. Essais p. 177.

zeln, als in einen Begriff (des Urwesens) verbunden, bleiben sie bloße Idee, von der sich objective Realität gar nicht einmal denken läßt.

Diese Attribute sind Una denn in derselben Form können freylich alle Gegenstände gedacht werden, denen dieselbe zukommt: Vera, denn durch innern Widerspruch würde jeder Gedanke aufgehoben werden, und äußern Gegenstand haben sie nicht: auch Infinita, denn weil die Attribute nur die Form des Gedankens ausmachen, können sie keinen Grund enthalten, der sie in Ansehung seines Objectes einschränkte. Hingegen läßt sich auf die Objecte an sich, auf das Substantielle, der Begriff weder des endlichen noch unendlichen anwenden.

Sollten diese Attribute, oder irgend ein Begriff, das Wesen der Substanz an sich ausdrücken, so müßte aus demselben nicht nur die Möglichkeit, sondern auch die Wirklichkeit der Verschiedenheit ihrer Accidenzen erhellen. Diese Forderung, deren Gültigkeit, wie ich oben gezeigt habe, Spinoza in Ansehung der Körperwelt wohl einsahe, die aber in der That jeder Metaphysiker, jeder, der ein befriedigendes System verspricht, nicht allein in Ansehung aller Eigenschaften der Körperwelt, sondern in Ansehung aller bekannten Zufälligkeiten im Universo, erfüllen muß, enthält einen Widerspruch. Denn wie kann Ein allgemeiner Begriff die Nothwendigkeit mannichfaltiger Beschaffenheiten desselben enthalten? Wie kann der Grund der Verschiedenheit in dem liegen, was dem Verschiednen gemein ist?

Es werden daher die Metaphysiker allemal genöthigt, bey dieser Erklärung noch etwas außer dem Begriffe der Substanz zu Hülfe zu nehmen, und das ist denn der Wille des Schöpfers. Allein hiemit hat alle Philosophie ein Ende, wie schon oft mit Grunde ist erinnert worden. Diese Antwort wird auch immer nur in Ermangelung einer bessern gegeben, weil man doch nie demonstriren kann, daß gerade bey einem gewissen Punkte der Untersuchung alle Philosophie schon aufhören und kein andrer Grund angegeben werden könne, als jener, der noch überdem das Geständniß enthält, daß der Begriff der Substanz unzulänglich sey, das

Wesen derselben vollständig anzugeben: und das ist alles, worauf es hier ankam.

Auf die obige Erinnerung, daß die Attribute nicht in den Dingen, sondern nur in dem erkennenden Vermögen existiren, beruhen auch die wenigen treffenden und gründlichen Einwürfe, die sich in den Bemerkungen des Bayle über das System des Spinoza finden. Aber der wahre Grund ist in denselben nicht entwickelt, weil Bayle selbst ihn nicht recht einsah, und er, der viel zu sehr an den gewöhnlichen metaphysischen Begriffen hing, um Skeptiker heißen zu können, und Dialektiker genannt zu werden verdient, sich nicht getrauete zu gestehen, daß man von der Substanz gar keinen Begriff geben könne; da er doch schon auf der andern Seite zu weit geht, indem er behauptet*), daß es eben so viel Substanzen geben müsse, als Modificationen, woraus jenes unmittelbar folgt. Denn er fügt zwar hinzu: die sich mit einander nicht vereinigen lassen. Aber warum sollte eine Substanz meh-

---

*) In dem ersten Einwurfe, Note n zum Artikel Spinoza.

rerer entgegengesetzter Modificationen auf einander fähig seyn, wenn sie nicht zugleich mehrere leidet? Modificationen sind ja nur Erscheinungen, und sie kann zu gleicher Zeit verschiedenen sich verschieden darstellen, denn es widerspricht sich nicht, daß z. E. eine Substanz im gewissen Verhältnisse rund und in gewissen viereckt erscheine. Der Grund des Bayle würde also beweisen, daß es eben so viel Substanzen geben müßte, als es Modificationen giebt: und dadurch verbindet er diese beyden Begriffe so enge mit einander, daß er geradezu auf die Behauptung der alten Philosophen kommen mußte, die Plato ειοντως nennt: daß gar nichts beharrliches in der Natur sey: da er denn die Wahl hätte anzunehmen, daß es gar keine Substanzen gebe, oder daß sie kein Gegenstand unsrer Erkenntniß seyn.

Es ist also unmöglich, zu beweisen, daß nur Eine Substanz existire. Eben so unmöglich ist aber auch der Beweis, daß es mehrere gebe.

———

4.

4.

Neuerlich hat alle mrtaphysische Speculation eine ganz andre Richtung dadurch erhalten, daß Kant gezeigt, die Begriffe, die ihren Gegenstand ausmachen, müßten nur als Ideen behandelt werden, deren Objecte gänzlich ausserhalb der möglichen Erfahrnng und den Gränzen unsrer Erkenntniß liegen, und alle Ansprüche der Vernunft schränken sich auf Vollständigkeit des Gebrauchs der Verstandesbegriffe in der Erfahrung ein.

Der Metaphysiker wegen, denen es vielleicht scheinen mögte, daß dies noch nicht bündig erwiesen sey, wenn es nicht auf ihrem Wege erwiesen worden, füge ich hier einen Beweis der Behauptung, daß wir von dem Existirenden an und vor sich selbst, gar nichts zu erkennen vermögen, in ihrer Sprache, und aus Grundsätzen hinzu, die von ihnen anerkannt werden.

Des Cartes erklärt Wahrheit ganz recht durch claram et distinctam perceptionem. Die Erinnerungen Leibnitzens und Wolfens gegen diese Erklärung gehen blos dahin, näher zu bestimmen, wie man gewiß werden könne, ob ein Begriff klar und deutlich sey. Leibnitz verlangt mit Recht, daß die zusammengesetzten Begriffe bis in ihre einfachsten Bestandtheile distinct seyn sollen, und nennet dieses adäquat. Daß ein solcher Begriff keinen Widerspruch in sich fassen könne, versteht sich von selbst; denn die Möglichkeit eines widersprechenden Begriffs liegt blos in der Undeutlichkeit seiner Theile. Jeder adäquate Begriff ist daher wahr. Evidente Wahrheit findet daher in der Mathematik statt, denn ihr Gegenstand existirt allein in der Vorstellung, und wir erkennen daher sein ganzes Wesen. Wenn wir nun gleichfalls das Wesen eines Dinges, das außer unsrer Vorstellung existirt, erkennten, so müßte sich die Möglichkeit irgend eines Begriffes, der etwas objectives in sich faßt, aus dem bloßen Begriffe beurtheilen lassen. Dieses ist aber unmöglich, wie auch Leibnitz selbst schon bemerkt*), daß adäquate Vorstellungen außerhalb der mathematischen Erkenntniß nicht statt finden. Auch sind die Axiomata und Postulata in allen nach geome-

*) De Cognitione Veritate et Ideis.

trischer Methode abgefaßten Theorien andrer als mathematischer Wissenschaften nicht in sich gedenkbar oder möglich, sondern in der Erfahrung gegründet.*) A priori erkennen wir nur das, was in unsrer Erkenntniß ohne alle äußre Erfahrung vollständig enthalten ist: A posteriori aber lernen wir nie die innre Beschaffenheit, sondern nur die jedesmalige Erscheinung der Dinge kennen. Es ist daher ebenfalls die Erklärung der wahren Vorstellung, quod convenit cum suo ideato, nur auf die mathematische Erkenntniß anwendbar, in welcher Idea und Ideatum eins sind: wie denn Spinoza, der in seinem Tractat de intellectus emendatione eine auf diese Erklärung gebauete logische Theorie fälschlich auf alle Erkenntniß ausdehnt, selbst sehr gut sagt:**) idem est Certitudo et Essentia obiectiva. Wäre Spinoza diesem Leitfaden gefolgt, so hätte es nicht fehlen können, daß er den Grund aller

---

*) Zum Exempel die Axiomata und Postulata in der Ethik des Spinoza Part. II er III, und in Wolfens sämtlichen philosophischen Schriften.
**) Opp. posth. p. 367.

Evidenz in dem Formellen der Erkenntniß gesucht, und dadurch auf den rechten Weg gerathen wäre, den endlich Kant gefunden: dahingegen jener ein Object suchte, von dessen Erkenntniß er alle übrige Erkenntniß ableiten, und so aus dem Begriffe von der Gottheit ein System evidenter Naturerkenntniß deduciren könnte. Man siehet hieraus auch sehr deutlich, warum Spinoza diesem Objecte keine Persönlichkeit beylegen konnte, und warum dasselbe infinitum seyn mußte. Er machte nehmlich die bloße Form der Anschauungen zur Substanz. Er war in dieser Deduction consequent: dahingegen beruhen die Anmaßungen der gewöhnlichen demonstrativen natürlichen Theologie, welche gleichfalls die Erkenntniß aller Dinge und den Grund der Evidenz von einem Objecte ableiten will, demselben aber Persönlichkeit beylegt, auf Begriffen, die nicht zu einander gehören können. Dieses alles vermeidet Kant, indem er alle Erkenntniß nothwendiger Wahrheit aus dem Formellen der Erkenntniß ableitet.

Durch die Critik dieses größesten unter allen metaphysischen Denkern ist zuerst bestimmt festgesetzt, was Metaphysik leisten könne und solle; die Skeptiker und Dogmatiker sind zum erstenmale auf eine befriedigende Art in die Gränzen zurückgewiesen, die sie behaupten mögen, ohne den Krieg fortzusetzen, der sie immer beschäftigt hat, seitdem die Menschen über diese Gegenstände nachgedacht.

Es beruhet sein ganzes System auf dem Grundsatze: daß unsre Begriffe das Wesen eines Dinges außer der Vorstellung schlechtdings nicht auszudrücken vermögen, weil der Begriff, der selbiges andeuten würde, selbst wiederum Vorstellung wäre, welches auch diejenigen Philosophen wohl erkannten, welche die Existenz durch complementum possibilitatis erklärten.

Nun ist es freylich an und für sich keine große Entdeckung, daß die Vorstellung von einem Dinge nicht dies Ding selbst ist: welches auch die Metaphysiker, welche von diesem Grundsatze ausgehn, oft genug von ihren Gegnern hören müssen. Allein desto sonderbarer ist es, daß eben diejenigen, welche diesen Grundsatz anerkennen, und als eine zwar unleugbare aber unbedeutende Behauptung verachten, dennoch nicht einsehen, was doch aus derselben ganz unleugbar und unmittelbar folgt: daß wir nehmlich aus dem Begriffe eines Dinges von diesem Dinge an sich durchaus nichts zu erkennen oder zu beweisen vermögen, und daß alles was davon erwiesen werden kann, nur in so fern gültig ist, als es von dem in der wesentlichen Form menschlicher Erkenntniße gegründetem nothwendigen Zusammenhange der Begriffe verstanden wird, woraus denn unausbleiblich das ganze System folgt, welches Kant in seiner Critik aufgestellt hat. Aus dem in selbiger erklärten unvermeidlichen Scheine der Vernunft, wird es zugleich begreiflich, warum jene nie aufhören, mit dem von ihnen selbst anerkannten Grundsatze streitende Lehren über das Wesen der Dinge zu demonstriren, oder, man weiß nicht aus welchen Gründen, zu vermuthen.

So kann zum Exempel die Wolfische Definition von der Substanz, daß sie die Quelle ihrer Veränderungen in sich selbst enthalte, nur für eine willkührliche Zusammensetzung verschiedner Begriffe, nicht aber für ein Principium der Erkentniß gelten, da sie voraussetzt, daß außer den Veränderungen noch etwas Verändertes existire, welches erst erwiesen werden muß, damit aus der Entstehung dieses Begriffes ersehen werde, ob auch noch etwas von der Beschaffenheit dieses Wesens erkannt oder erwiesen werden möge.

Es ist leicht einzusehen, wie aus dieser einzigen Definition ein ganzes Lehrgebäude metaphysischer Wißenschaften hat ganz bündig bewiesen werden können, und warum die Wolfianer von diesem Systeme eben so fest überzeugt sind, als von mathematischen Wahrheiten. Das System ist unwiderleglich, so bald man nur die Definitionen zugiebt, deren Anwendbarkeit in der Welt sie unter einer zweydeutigen Gedenkbarkeit erschleichen. Dahingegen sind einzelne Bemerkungen gegen die Grunddefinitionen, womit die meisten antidogmatischen Metaphysiker (unter welchem Namen ich Philosophen von sehr verschiedner Art und sehr verschiednen Gehalte zusammenfaßen muß) abzukommen denken gar nicht hinlänglich, die Unmöglichkeit einer evidenten Erkenntniß der Dinge an sich zu beweisen.

Ich werde nunmehro untersuchen, zu was für Vorstellungen uns die Speculationen einer bescheidnern und auf jene richtigern Grundsätze gebaueten Metaphysik führen, und was für Begriffe von Gott sich daraus herleiten laßen.

Der erste Begriff, der der ganzen Wissenschaft zum Grunde liegt, ist der Begriff der Substanz.

Es giebt zween Wege, auf denen man zu demselben gekommen. Zuerst, veranlaßte die Bemerkung, daß bey allem Wechsel sinnlicher Erscheinungen, allemal etwas in denselben bleibt, Untersuchungen darüber, was dies Bleibende sey? und daher die Eintheilungen der Eigenschaften der Dinge in Attributa und Modos. Auf diesem Wege gelangen wir zu Begriffen, die in empirischen Theorieen der sinnlichen Erscheinungen, der Naturlehre, mit Einschluß der

Psychologie, aber auch nur darin, recht gut gebraucht werden können.

Ferner ergiebt sich aus dem Begriffe der Erscheinung in der Zeit, daß in jeder Erscheinung neben allem Wechsel allemal etwas bleibendes seyn müße, weil sich ohne Dauer und Bleiben, so wenig als ohne Wechsel, Erscheinung in der Zeit gedenken läßt. Der Begriff des Beharrlichen, der Substanz, der sich hierauf gründet, hat also auch in der metaphysischen Naturlehre oder der Wißenschaft deßen, was in der sinnlichen Erscheinung nothwendig ist, seinen guten Grund. Auf die Dinge an sich aber kann dieser Begriff durchaus nicht angewendet werden, denn alles Bleibende, Beharrliche in der Zeit, ist selbst Theil der Erscheinung, und es folgt gar nicht, daß bey Zerstörung aller sinnlichen Erscheinung noch etwas existire. Die ganze Metaphysik, die auf diese Begriffe gebauet wird, verschwindet daher, bey genauerer Prüfung.

Die wirklich metaphysische Veranlassung der Idee eines Dinges an sich, ist dagegen diese. Die sinnliche Erscheinung verbindet in der Vorstellung eines Gegenstandes mehrere Sensationen, theils in einem Augenblicke, theils in einer Folge. Zuerst, von jener Verbindung mehrerer Sensationen, als eines Gegenstandes, im nehmlichen Augenblicke.

Die Wahrheit der evidenten Sätze erhellt aus der bloßen Anschauung der Begriffe. In den sinnlichen Vorstellungen aber liegt noch nicht die Nothwendigkeit ihrer Verbindung mit einander in einer sinnlichen Erscheinung, welche doch Nothwendigkeit enthält. Denn wir vermögen eben so wenig die Eindrücke der sinnlichen Gegenstände abzuändern, als wir das Gegentheil eines mathematischen Lehrsatzes zu denken vermögen.*) Wenn wir zum Exempel ein grünes Blatt sehen, so ist es uns unmöglich, so lange alles bleibt wie es war, die Vorstellung von der grünen Farbe, von der Figur und den übrigen Eigenschaften dieses Begriffes vom grünen Blatte zu trennen. Wir können

---

*) Die Veranlassung zu dieser sehr deutlichen Entwicklung des Begriffes der Substanz, habe ich in den an scharfsinnigen Beobachtungen reichen Werken des Hemsterhuis gefunden. S. dessen Lettre sur l'homme & ses rapports. pag. 20.

wohl ein rothes Blatt an derselben Stelle denken, aber es ist uns unmöglich zu empfinden, daß das gegenwärtige Blatt roth sey, ohne daß jedoch die Nothwendigkeit der Verbindung jener Sensationen in ihnen selbst liege. Alle aus physischen Theorieen genommene Ursachen helfen hier nichts, wie ich schon oben bemerkt habe. Die metaphysische Theorie des Begriffs von einem Gegenstande aber, erklärt nur was diese Verbindung sey, nicht aber die Nothwendigkeit der einzelnen empirisch erkannten Verbindungen. Es bleibt ein unauflösliches Räthsel, was denn dieses alles mit einander verbinde?

Daß die Träume und Einbildungen hierin der sinnlichen Erscheinung gleich sind, das kann keinen Einwurf abgeben; denn eben dieses beweiset nur, daß die Träume und Einbildungen noch etwas mehreres enthalten, als Vorstellung, etwas Substantielles an sich, welchem jedoch nur die Nothwendigkeit für uns allein anklebt, und nicht für alle andre. Auch werden die Einbildungen immer der Beschaffenheit unsres Körpers, des Gehirns vornehmlich, zugeschrieben.

In der sinnlichen Erscheinung ist also die Vorstellung nicht alles, sondern es hängt ihr noch etwas an, und dieses ist das Substantielle in der Materie, außer der Erscheinung, an sich selbst.

Ferner erhellt aus den einzelnen Vorstellungen, deren wir uns zugleich bewußt sind, noch nicht ihre Verbindung in unserm Bewußtseyn. Unsre Seele ist daher gleichfals mehr als Vorstellungen, und dieses giebt den Begriff der immateriellen Substanzen. Ob und wie fern sich diese von den materiellen unterscheiden, ist eine Frage, die ganz unmöglich beantwortet werden kann, weil wir von beiden nichts mehr wissen, als daß sie etwas sind. Man hat zwar viele Beweise geführt, daß die Begriffe von materiellen und immateriellen Substanzen einander widersprechen *) und daß also zweyerley Substanzen vorhanden seyn müssen. Allein diese Beweise beruhen alle entweder auf der fal-

---

* Man findet diese Beweise vorzüglich gut und bestimmt ausgeführt in Hemsterhuis Lettre sur l'homme & ses rapports, und in dessen Sophyle, ou de la Philosophie.

schen Voraussetzung, daß die Ausdehnung eine wirkliche Eigenschaft der materiellen Substanzen sey, da sie doch, nach richtigern Begriffen, nur die Form ist, in der sie uns sinnlich erscheinen: oder auf der falschen Voraussetzung, daß die Gesetze der körperlichen Veränderungen (der Bewegung) mit dem Verhältnisse der Massen durchaus harmoniren *).

Ich gehe zu der Verbindung mehrerer Sensationen nach einander in den Begriff eines Gegenstandes: um zu zeigen, wie sie die Idee von etwas ausser den Vorstellungen veranlaßt.

Erscheinung in der Zeit, läßt sich nicht gedenken ohne Abwechslung, und diese nicht ohne etwas Beharrlichem, welches bey dem Wechsel seiner Bestimmungen bleibt: denn beständiger Wechsel, ohne alles Bleiben, würde die Zeit nicht erfüllen, ist also gar nichts in der Erscheinung. Dieses Beharrende muß dasselbe bleiben, um die Sensationen mehrerer Augenblicke zu Vorstellungen eines Gegenstandes zu machen. So wenig aber Wechsel ohne Beharrliches, eben so

*) Man sehe über diese Frage auch Kants Träume eines Geistersehers erläutert durch Träume der Metaphysik.

wenig läßt sich Beharrliches in der Zeit ohne Wechsel seiner Bestimmungen gedenken, weil nur durch Wechsel der Verlauf der Zeit charakterisirt wird. Es muß daher alles in der Erscheinung als beharrlich gedachte zugleich unter fließenden Bestimmungen gedacht werden, und das absolute Unveränderliche, auf welches alle Erscheinung sich bezieht, kann nicht in derselben enthalten seyn, sondern zeigt auf etwas äusser aller Erscheinung. Dieses aber ist an sich selbst nicht beharrlich, weil Beharrlichkeit sich nur in der Zeit gedenken läßt, sondern es bleibt völlig unbekannt, und von seinen Bestimmungen kann gar nichts gedacht werden.

Wenn nun gleich das Wesen dieser Substanz völlig unbekant ist und ewig bleiben wird, wie denn auch so viele merkwürdige Definitionen von ihr, (z. E. die Definitionen des Aristoteles und des Baumgarten) blos negative Bestimmungen enthalten, so ist dennoch der Begriff aus obigen Gründen nicht erdichtet.*)

*) Hiemit ist der erste von den drey berühmten Sätzen des Gorgias widerlegt, der niemals an die unsinnige Behauptung gedacht hat, daß gar nichts existire, und der nur, so wie

Substanz, außerhalb der Erscheinung, ist also dasjenige unbekannte, durch welches die verschiednen Sensationen mit einander in eine Erscheinung verbunden werden, und derselben Nothwendigkeit anklebt. Weiter aber können wir von ihr nichts erweisen, als daß sie etwas sey. *)

nach ihm die Idealisten, den Begriff der Substanz für eine Erdichtung erklärte, weil niemand sagen konnte, was sie denn sey. Sein zweyter Satz aber, daß uns die Substanzen, wenn es dergleichen gebe, immer gänzlich unbekannt bleiben müssen, ist unwiderleglich.

*) Aus den Begriffen des reinen Verstandes entspringet, vermöge Kants Deduction derselben, die Möglichkeit des Zusammenseyns empirischer Wahrnehmungen in einer Vorstellung, oder die Möglichkeit der Erkenntniß eines Objects. Die Möglichkeit derselben ist also allein und hinlänglich a priori zu erkennen. Aber die Verbindung derselben, mit empirischer Wahrnehmung überhaupt, erschöpft noch nicht alles, was in der wirklichen Erkenntniß liegt, wenn es gleich alles ist, was darinn erkannt werden kann: denn die Zusammensetzung wird dadurch noch nicht in Ansehung einzelner bestimmter Wahrnehmungen oder Sensationen determinirt. Das unbekannte, was hier noch fehlt, ist also außer der Vorstellung, und das Ding an sich.

Es lassen sich zwar von ihr nach allen Prädicamenten, entgegenstehende Sätze behaupten, sind auch wirklich behauptet worden, und machen das wesentliche der metaphysischen Lehrgebäude alter und neuer Zeiten aus. Sie sind folgende:

1) Der Quantität nach:

    Substanz ist unendlich

    Sie ist endlich oder eingeschränkt.

2) Der Qualität nach:

    Substanz ist einerley

    In ihr ist mehrerley anzutreffen.

3) Der Relation nach: (mit sich selbst verglichen)

    Substanz ist unveränderlich

    Sie ist veränderlich

4) Der Modalität nach:

    Substanz ist vergänglich

    Sie ist unvergänglich

(muß allzeit als existent, oder auch zu Zeiten als blos möglich gedacht werden.)

Aber alle Beweise für diese Sätze sind unzulänglich, und erzeugen keine Evidenz.*) Viel

---

*) Ich behalte es mir vor, die Entstehung und den Zusammenhang unter den mannichfalti-

mehr sind alle zusammen unstatthaft, so bald von einem Dinge an sich, außerhalb unsrer Vorstellung, die Rede ist; denn die hier angegebnen Prädicate zeigen nur Beschaffenheiten der Erscheinung an. Weil die Beweise dieser Behauptungen sämtlich offenbar falsche Begriffe enthalten, und daher schon aus gemeinen Grundsätzen widerlegt werden können, haben sie nicht einmal die anscheinende Evidenz, die ihnen eine Stelle in der unvermeidlichen Transscendental-Sophistik verschafft haben würde, deren anmaaßliche Belehrung Kant in der Dialektik

gen einander widersprechenden metaphysischen Behauptungen, und die Veranlassung der für sie geführten Beweise zu zeigen. Es gehört Studium und Nachdenken mehrerer Jahre dazu, eine solche critische Metaphysik zu Stande zu bringen, die denn auch allein zugleich auf den Namen einer wirklich philosophischen Geschichte dieser Wissenschaft Anspruch machen kann, woran es noch gänzlich fehlt. Einzelne vorzügliche Bruchstücke dazu finden sich in Kants Critik der reinen Vernunft, und in Plattners Aphorismen, in den Anmerkungen.

F

Dialektik *) widerlegt. Nur durch Vermittelung des ich, scheint es, daß wir von der denkenden Substanz an sich selbst etwas begreifen können, und es entspringt hieraus eine Rational-Psychologie, von welcher Kant am angeführten Orte ausführlich gezeigt hat, daß wir auch durch sie von der Beschaffenheit eines Dinges an sich nichts lernen.

Es ist also auch unmöglich, aus der Idee eines Dinges an sich den Begriff von Gott zu folgern.

Des Cartes und andre nach ihm, haben zwar gesucht, aus dem Begriffe des schlechthin Existirenden das Daseyn eines höchst vollkommnen Wesens zu erweisen. Weil nehmlich die Bedingung eines bedingter Weise existirenden Wesens nicht zu dem Begriffe dieses Wesens gehört, so muß der Begriff des Bedingten entfernt werden, um herauszubringen, was aus dem Begriffe der Existenz folgen würde. Man beweiset sodann, daß dieses

---

*) Critik der reinen Vernunft: der Elementarlehre 2ten Theils 2te Abtheilung.

ses für sich bestehende Wesen ein Inbegriff aller Realität sey, weil es sonst zufällig seyn würde. Spinoza, der überhaupt die philosophischen Grundsätze seiner Zeiten aufs vollkommenste entwickelte, und allein vollkommen consequent raisonnirte, führt auch diesen Beweis am vollkommensten aus dem Begriffe einer Substanz. Es ergiebt sich aber aus den oben angeführten Betrachtungen, daß diese ganze Ontotheologie, sie möge nach den Grundsätzen des Des Cartes nur eine nothwendige, oder nach dem Spinoza, eine einzige Substanz überhaupt erweisen sollen, nichtig sey: und daß wir uns darauf einschränken müssen, aus der Betrachtung der erscheinenden Welt Vermuthungen über ihren Zusammenhang zu wagen.

Aus der Verbindung der Vorstellungen von mehreren Gegenständen, und ihren Bestimmungen in einer Reihe, entsteht die Welt. Ich gehe zu dem Begriffe über, der dieser Verbindung zum Grunde liegt: dem Begriffe der Ursache.

So wie gegen den Begriff der Substanz sehr scheinbare Einwendungen daher gemacht worden sind, daß niemand näher zu sagen wußte, was ihm denn entspreche; so ist es ebenfalls mit diesem Begriffe gegangen, und zwar mit noch weit größerm Anscheine, und besserm Erfolge: indem es dem Verstande gar nicht schwer fällt, sich eben die Erscheinungen, die ihm die Erfahrung angiebt, in derselben Ordnung, jedoch ohne Beziehung auf einander, einzeln zu denken, und er solchergestalt verleitet wird, den hinzukommenden Begriff der Ursache, für eine bloße Täuschung zu halten. Daß er etwas reelles enthalte, ist indessen aus folgendem offenbar.

Ich habe oben gezeigt, daß die Erscheinung in der Zeit sich nicht denken lasse, ohne daß sie etwas Daurendes, und zweytens etwas Wechselndes enthalte. So wie nun das Daurende auf die Idee der Substanz an sich führte, so entsteht aus der Betrachtung des Wechsels der Begriff der Ursache und die Idee der Kraft.

In dem Entstehen einer Erscheinung, oder in einer Begebenheit, liegt mehr als die bloße

Vorstellung von der Erscheinung angiebt. Durch den Begriff der Substanz, welcher die verschiedenen Wahrnehmungen zu einer Erscheinung, und die verschiednen auf einander folgenden Erscheinungen in einem Objecte verbindet, wird nur das Bleibende erklärt, nicht aber der Wechsel der Bestimmungen. Plötzliches Entstehen läßt sich nicht in der Zeit gedenken, weil jeder noch so kleine Zeittheil ein theilbares Continuum ist: es entsteht daher keine Erscheinung in einem untheilbaren Augenblicke. Das was mit nichts vorhergehendem verbunden wäre, würde nicht zu der Reihe unserer Vorstellungen gehören können; denn die durchgängige Verbindung bestimmt, was zu unsern Vorstellungen gehört. Jede Begebenheit beziehet sich also nothwendig auf einen vorhergehenden und auf einen folgenden Augenblik, und da leere Zeit nicht gedacht werden kann, auf eine vorhergehende, und auf eine nachfolgende Erscheinung: das heißt, jede Begebenheit hat ihre Ursachen und ihre Folgen *). Wo man also

*) In dieser ganzen Entwicklung des Begriffs der Ursache und dem Beweise seiner Nothwendig-

auch die Ursachen der Erscheinungen suchen mag, man mag sie nach den gewöhnlichen Systemen den Gegenständen der Erscheinung beymessen, oder sie in andre Vorstellungen verlegen, wie Leibnitz that, der eben dadurch einen Beweis der Unentbehrlichkeit des Begriffs der Ursache gab, daß er dessen nicht los werden konnte, indem er alles zu Vorstellungen machte, und ohnerachtet er leugnete, daß alles das Ursache sey, was uns so scheint, dennoch etwas anders an dessen Stelle zur Ursache machen mußte: wohin man also auch das Object dieses Begriffs verlegen will, so muß man allemal zugeben, daß jede Begebenheit ihre Ursache habe. Weiter aber läßt sich nichts bestimmen, und alle Anwendungen des Begriffs der Ursache in der Naturlehre sind immer nur als Hypothesen an-

keit, habe ich allein Kants unvergleichlichen Ausführung in der Critik S. 189 folgen können. Nur nach diesen Grundsätzen ist es möglich, die unwiderleglichen Bemerkungen des Hume über diesen Begriff der Ursache, mit der Vernunft zu vereinigen, die ohnerachtet seines klaren Beweises, daß dieser Begriff nicht in der Erfahrung liegt, ein geheimes Gefühl hatte, daß er nicht erdichtet sey.

zusehen, die, nachdem sie mehr oder weniger in der Erfahrung bestätigt werden, mehr oder weniger Tauglichkeit zum Gebrauche erhalten, sich aber vermöge ihrer Natur nie höher erheben und zu apodictischer Gewißheit gelangen können.

Es bedarf wohl kaum einer Erinnerung, wie sehr diese Deduction des Begriffs der Ursache sich von den gewöhnlichen Beantwortungen unterscheidet, wodurch man Hume's Zweifel hat abweisen wollen, indem man immer dagegen gesetzet, es sey der menschlichen Denkart angemeßen, aus der allgemeinen Erfahrung der Verbindung unter den Erscheinungen auf nothwendige Verbindung derselben zu schließen *), welches Hume so gut wußte, als irgend ein andrer. Er fragte vielmehr, wodurch denn die menschliche Natur zu dieser Denkart bestimt werde, und weil er nur die Erfahrung befragte, wußte er keine andre

---

*) Nicht blos die declamirenden Gegner Hume's, auch Mendelssohn in seiner Abhandlung über die Wahrscheinlichkeit begeht diesen Fehler: und überhaupt ist vor Kant nie das geringste befriedigende auf den Skepticismus des Hume geantwortet worden.

Antwort zu geben, als die Association der Vorstellungen.

Es folgt aber aus dem oben erwiesenen noch mehr. Die einer jeden Begebenheit vorhergehende Erscheinung in der Zeit, auf welche sich jene beziehet, muß ebenfals in der Zeit gedacht werden. Ohne Wechsel aber kann nichts in der Zeit gedacht werden. Es muß also die Ursache einer jeden Begebenheit wieder eine Begebenheit, oder etwas vorübergehendes seyn. Durch Zurükgehen von einer Ursache zur andern ist es daher unmöglich, jemals auf eine Ursache zu kommen, die nicht wiederum einer Ursache bedürfte. Wenn uns also die Betrachtung eines organisirten Körpers auf den Begriff einer verständigen Ursache desselben führt, so ist es nicht eine ungereimte, sondern vielmehr eine nothwendige Frage, was denn diese verständige Ursache wieder für eine Ursache habe? Denn die Absicht eines verständigen Wesens ist eben so wohl als der wundervolle Bau eines organisirten Körpers, eine Erscheinung in der Zeit. Eine auf historische Ueberlieferung von Begebenheiten gegründete Lehre von Gott kann daher den Mangel an metaphysischer Erkenntniß desselben nicht ersetzen, wie verschiedne Schriftsteller meinen*); denn sie beantwortet gar nicht dieselbigen Fragen. Dieses ist, beyläufig zu bemerken, die einzige Auflösung, dadurch die eignen Behauptungen dieser Schriftsteller einen nicht widersprechenden Sinn erhalten können: welchen zufolge die Vernunft Erkenntniß Gottes versagen, und doch Erkenntniß Gottes nothwendig seyn soll.

Jenen unwiderleglichen Grundsatz, daß es unmöglich ist, durch eine Reihe von Wirkungen auf eine unbedingte Ursache zu kommen, legte

---

*) Siehe z. E. die Resultate der Jacobischen und Mendelssohnschen Philosophie. Viele schwärmerische Schriftsteller verwerfen ebenfalls die Religion der Vernunft, ohne einmal ihre Unvollkommenheit einzusehen, die jener Schriftsteller sehr gut darstellt: und mögten gern die Stelle derselben durch willkührliche Belehrungen erersetzen, aus denen das Priester-Ansehn und die Priesterherrschaft entspringt, welches ihnen allen so lieb ist, wenn gleich einige unter ihnen jene Lehren ehrlicher Weise vertheidigen mögen, und nicht blos in der Absicht, dieses darauf zu gründen.

Spinoza seinem Systeme zum Grunde, welches daher von dieser Seite so scheinbar ist. Wenn aber die Anmaaßungen der Metaphysik, eine letzte Ursache in der Reihe der Erscheinungen zu beweisen, grundlos sind, so ist es ebenfalls die Ableugnung eines solchen Grundes der Begebenheiten, außerhalb dieser Reihe.

So wie wir oben durch das Beharrliche in der Erscheinung auf die Idee eines Dinges an sich, (wie ich es lieber nenne, um es von dem Begriffe der Substanz in der Erscheinung zu unterscheiden) geführt wurden, so veranlaßt der beständige, nothwendige Wechsel der sinnlichen Erscheinung die Idee der Kraft. Die Idee jenes Dinges an sich, dienet nur das zu bezeichnen, was zum vollständigen Begriffe des Daurenden in der Erscheinung gehört. Zum vollständigen Begriffe der wechselnden Erscheinung gehört nicht bloß die vorhergehende Ursache, welche wiederum einer Ursache bedarf, sondern noch etwas, wodurch die ganze Reihe von Ursachen, vom Wechsel der Erscheinung möglich wird: die Kraft der Dinge. Und da alles Erscheinende nothwendig Veränderungen erleidet, so hatte Leibniz ganz recht zu behaupten, daß allenthalben, wo Dinge (erkennbar, nehmlich) existiren, auch Kraft sey.

Das übrigens völlig unbekannte Object dieser Idee, welches aller Veränderung zum Grunde liegt, ist nun offenbar selbst weder der Veränderung unterworfen, als welche bloß in der Erscheinung zu suchen ist, noch auch darf man nach der Ursache seiner Existenz fragen. Und dieses letzte rechtfertigt den Begriff der metaphysischen Freyheit, welchem zufolge, alle Veränderung auf einer Kraft (nicht aber Ursache, wie sich die Metaphysiker falsch ausdrücken, und dadurch zu dem ewigen Streite über Nothwendigkeit und Freyheit Anlaß geben) beruhet, die nur durch sich selbst bestimmt wird, oder vielmehr gar keiner Bestimmung bedarf.

Aristoteles ward hiedurch veranlaßt, seinen ersten Beweger zu einem immanenten, nicht transienten Principium zu machen. Darin aber hatte er Unrecht, daß er denselben so wie alles Veränderte, in der Erscheinung suchte, und dadurch veranlaßte er die gegründeten Einwendungen der Democritischen Schule.

Dieses ist nun alles, was sich von der Kraft sagen läßt, und alles was gewöhnlich in der Metaphysik mit vielem Gepränge leerer Worte, oder der anscheinenden Belehrung zweydeutiger und daher trüglicher Sätze behauptet wird, enthält keine weitere gegründete Behauptung, als die Erklärung, daß durch Kraft Ursache und Wirkung möglich werde. Es erhellet ferner aus dem obigen, daß es eine ganz vergebliche, oder vielmehr leere Frage sey, ob die Dinge, an sich, in einander wirken: daß die bekannten drey Hypothesen, des physischen Einflusses, der Harmonie, und der gelegentlichen Ursachen, nur als physische und psychologische Hypothesen, als Grundgesetze der Erscheinungen, aber gar nicht als metaphysische, dürfen angesehen werden, ja daß sie in dem letzten Sinne gar nicht einmal gedacht werden können, wie denn auch alle Veranlassung dazu wegfällt. Denn diese besteht bloß in der Schwierigkeit, die Uebereinstimmung der Begebenheiten in der Zeit zu erklären. Zeit aber ist nur eine subjective Form der Erscheinungen, und geht die Dinge an sich außer der Erscheinung nichts an.

Gegen diese Theorie des Begriffs der Ursache sind zweyerley Einwürfe vorgebracht worden, die viel scheinbares enthalten.

Erstlich wird behauptet, dieser Begriff müsse nicht bloß auf die wechselnde Erscheinung eingeschränkt werden, indem wir zu jeder Erscheinung eine Ursache außer unsrer Vorstellung suchen. Der Schlüssel zu dieser und vielen daraus abgeleiteten Schwierigkeiten, liegt in dem nicht genug beachteten Unterschiede der Ursache und der Kraft, welcher doch schon im gemeinen Sprachgebrauche auffallend genug ist. Ursache ist die vorhergehende Erscheinung: Kraft hingegen der Grund der Veränderung, in sofern derselbe nie erscheint, und dessen Daseyn nur geschlossen wird. Diese Kraft, durch welche etwas verändert wird, ist Ursache mittelst der vor der Veränderung vorhergehenden Erscheinung. So ist die Ursache einer Bewegung, der Stoß oder Druck eines andern Körpers, welcher gesehen oder gefühlt wird; die Kraft hingegen, wodurch die Bewegung geschiehet, wird nicht gesehen noch gefühlt. Eben so ist die Ursache eines Gedankens oder einer Empfindung eine vorhergehende Vorstellung: die Kraft aber an sich selbst, wodurch diese Ursache ihre Wirkung hervorbringt, wird nicht erkannt. Es ist daher der Ausdruck, Wirkung einer Kraft fehlerhaft. Wirkung bezieht sich auf Ursache. Für die Erscheinung, in so fern sie sich auf Kraft bezieht, haben wir kein eignes Wort.

Weil wir nie einen bestimmten Begriff anders, als in der Erscheinung, zu denken vermögen, so ist es unmöglich, eine bestimmte Kraft auf eine andere Art, als in derjenigen Erscheinung zu denken, wodurch sie Ursache wird. Wenn also gesagt wird: die Vorstellung eines Gegenstandes sey Wirkung eines Dinges an sich, welches sinnliche Eindrücke hervorbringt, woraus denn geschlossen werden will, daß der Begriff der Ursache und Wirkung auf Dinge an sich anwendbar, und nicht blos in der Erscheinung in der Zeit gegeben sey, so denkt man allemal diesen Gegenstand nicht an sich, und außer aller Erscheinung, denn das ist unmöglich, sondern in einer möglichen vorhergehenden Erscheinung. *)

*) Auf dieser Täuschung beruhen mehrentheils Herrn Ulrichs sehr gut ausgeführte Erinne-

Zweytens behauptet man, der Begriff der Ursache, und der darauf gebauete Satz vom zureichenden Grunde, sey noch höher gegründet als in den Bedingungen aller möglichen Erscheinung, in dem die Natur des menschlichen Geistes es mit sich bringe, nicht bloß nach der Ursache einer Erscheinung zu fragen, sondern von allem, wovon sich das Gegentheil denken läßt, welches also nicht als nothwendig gedacht werden muß, eine Ursache zu suchen. Hier aber verwechselt man den blos subjectiven Erkenntnißgrund mit dem Begriffe der Ursache, der etwas objectivisches andeuten soll, und daher eine andre Quelle haben muß. Es ist wahr, alles was anders gedacht, also nur in einem hypothetischen Urtheile ausgesagt werden kann, bedarf eines Bestimmungsgrundes, um in ein categorisches Urtheil verwandelt zu werden. Dieser Bestimmungsgrund ist aber nur in solchen Urtheilen, die Erscheinungen betreffen, Ursache. In allen übrigen kann er zwar die Ursache werden, daß wir nunmehro die Wahrheit einsehen (einer

rungen gegen Kants Theorie des Begriffs der Ursache. Instit. Log. et Met. p. 322 seqq.

Erscheinung des innern Sinnes) aber nie die Ursache des für wahr erkannten Begriffes.

Wenn ein Raum in drey gerade Linien eingeschlossen wird, so sind die Winkel dieser Figur zusammen zween Rechten gleich: dies ist ein hypothetischer Satz, und ehe wir nicht eingesehen haben, daß die gedachte Figur ein Dreyeck sey, können wir nicht wissen, daß die Summe ihrer Winkel zween Rechten gleich sey. Deswegen wird es aber keinem Menschen einfallen, zu glauben, die geraden Linien, wären die Ursache der Größe der Winkel, wenn sie gleich in einem gewissen Falle den Erkenntnißgrund abgeben können, woraus jene erkannt wird: das heißt, das Complementum dessen, was uns zu vollständiger Erkenntniß fehlt.

Nunmehr fragt sich: ob diese Idee der Kraft auf einen Begriff von Gott führe?

Die einzige Frage über die Kraft in der Welt, welche eine theologische Idee veranlassen könnte, ist diese: Ob es nur ein einziges, oder mehrere solche selbstthätige Wesen gebe? Diese Frage kann, dem obigen zu Folge, schlechterdings nicht beantwortet werden. Und könnte sie es, so müßte dennoch zum Behufe der Theologie noch diese Idee der Selbstthätigkeit mit dem Begriffe der Erkenntniß verknüpft werden, um daraus eine Freyheit des Willens zu bilden, welche denn von einigen Philosophen allein der Gottheit, von andern, allen verständigen Wesen zugeschrieben wird. Für die erste Meynung erklärte sich Leibniz, der sich hier vom Spinoza nur dadurch unterscheidet, daß er das immanente Principium der Veränderung in eine oberste Monade versetzt, da hingegen dieser es in dem (nach seiner Meynung einzigen) Subjecte aller Veränderung suchte, und mit Recht aus der ganzen Reihe der zufälligen Bestimmungen desselben verbannte. Andre legen diese Selbstthätigkeit allen verständigen Wesen bey. Wenn sie aber mehr als einem Wesen zukommt, so ist kein Grund, sie auf die verständigen einzuschränken. Denn Verstand, und Wille, welcher jenen voraussetzt, sind Natur-Erscheinungen, und als solche, Kants vortreflicher Ausführung zufolge*), der Naturnothwendigkeit unterworfen.

*) Critik pag. 532. Prolegomenen pag. 150. Man findet solche Beweise bey allen guten

Die Reihe neben und nacheinander bestehender Erscheinungen, die Welt, steht in einer durchgängigen Gemeinschaft mit einander. Es ist dieses nicht nur eine durch die Erfahrung bestätigte, und in derselben gegründete Behauptung, sondern es läßt sich auch erweisen, daß alle Dinge, die zugleich und nach einander sind, ein Ganzes ausmachen müssen: denn dieses zugleich oder nach einander seyn, drückt ein Verhältniß zu einander aus. In dem Begriffe jedes einzelnen ist nicht seine Stelle unter den übrigen enthalten, und es muß daher noch ein solches Verhältniß hinzukommen, damit die Erscheinungen ihre bestimmte Ordnung in der Zeit erhalten.

Dieses zugleich und nach einander seyn läßt sich aber nicht anders gedenken, als in einem erkennenden Wesen: denn die Zeit, worin

---

Psychologen. Vorzüglich aber enthalten Leibnizens Theodicee und Hume's Essays dieselben ganz vortreflich ausgeführt. Hier vereinigen sich Dogmatiker und Skeptiker; denn die entgegenstehenden Behauptungen sind, in der gewöhnlichen Gestalt und Absicht, widersinnig.

die Dinge zugleich und nach einander sind, ist nicht eine Bedingung der Dinge an sich, sondern ihrer Erscheinung in der Vorstellung eines Verstandes. Die Frage, ob die Welt auch außer unsrer Vorstellung ein Ganzes ausmache, kann also eigentlich nur so viel bedeuten: ob sie sich selbst als ein Ganzes erscheine, das ist: ob auch außer uns, und allen andern, denen sie als Object äußrer Sinne erscheinet, noch Vorstellungen eines innern Sinnes durch sie bestimmt werden, welche diese Objecte im Begriffe zusammen fassen? Dieses ist der vortrefliche Gedanke des großen Leibniz *): daß dasjenige ein wahrer Körper (ein Ganzes an sich, nicht blos in der Erscheinung) genannt werden müsse, wodurch die Erscheinungen eines innern Sinnes (die Perceptionen einer monas dominatrix in Leibnizens Sprache) bestimmt werden.

*) Er ist oft in seinen metaphysischen Werken ausgeführt. Vorzüglich gut und deutlich, aber in dem Eingange zu den Animadvers. in Theoriam Stahlii. Opp. Tom. II. Pars I. p. 131 Man sehe auch, was er über die Vincula Substantialia sagt, in den Briefen an Des Bosses Opp. Tom. II. Pars I. pag. 306. seqq.

Aus der Betrachtung der Welt, welche aus so vielen Wesen besteht, die in Gemeinschaft mit einander gedacht werden können, entspringt nun der Begriff eines alles umfassenden Verstandes, der alle diese Verhältnisse in ihren kleinsten Bestimmungen und in ihren entferntesten Verbindungen umfaßt. Den Beweis der Realität dieses Begriffs, der der Metaphysik fremd ist, (denn bis hieher ist nur von Natur-Erscheinungen die Rede) werde ich in der Folge geben.

Der Metaphysiker aber, der sich anmaßet, Untersuchungen über die Dinge, wie sie an sich selbst sind, anzustellen, geht weiter, und setzt aus allen Realitäten an sich selbst, eine Idee zusammen: erweiset nachdem aus der Gedenkbarkeit derselben, und weil sie die Existenz als die erste aller Realitäten mit enthalten müsse, wenn sie dieselben alle enthalten soll, also aus der Idee selbst das Daseyn dieses unendlichen Wesens. Es ist dieses im Grunde derselbe Beweis, den wir bereits oben unter dem Namen des Ontologischen verworfen haben, nur in umgekehrter Form. Spinoza wollte aus dem Begriffe eines Dinges beweisen, daß ihm alle mögliche Realitäten zukommen müßten. Hier wird aus dem Begriffe aller möglichen Realitäten erwiesen, daß dieselbe ein Ding ausmachen müssen.

Da nun Verbindung und Gemeinschaft nur in der Vorstellung existiren, so ist es sehr leicht zu beweisen, daß dieses allerhöchste Wesen Erkenntniß besitze und der höchste Verstand sey. Weil dieser letzte eigentlich nur für die Theologie brauchbar ist, so läßt man denn nachdem alles übrige liegen, und bleibt bey dem höchsten Verstande, der aber auf diesem Wege nicht erwiesen werden kann: denn darin liegt eben die Täuschung, daß man sich eine Gemeinschaft von Realitäten außer der Vorstellung denket, da doch Gemeinschaft nur im Gedanken seyn kann.

Außerdem haben wir von einer Realität, an und für sich, gar keinen Begriff: daher denn auch die Idee von Gott, die auf diese Art entspringt, sobald sie bestimmt wird, so sonderbar ausfällt. Jeder legt ihm nehmlich alles bey, was er glaubt Realität an sich selbst nennen zu müssen. Vornehmlich hat man ihm die Ausdehnung beygelegt, ehe die Vorstellung von derselben berichtigt war.*) Spinoza, der diese Idee in der größten Vollkommenheit und ganz consequent ausführt, macht den Gedanken und die Ausdehnung zu Eigenschaften Gottes. Er lehrt ganz richtig, daß die einzelnen Modificationen dieser Eigenschaften nur Erscheinungen seyen, aber er behauptet dieses aus dem nicht ganz richtigen Grunde, weil sie vergänglich und zufällig sind (da der wahre Grund jener Behauptung wäre, daß Raum und Zeit, in welchen sie allein gedacht werden können, nur Form der Erscheinungen und nicht der Dinge an sich sind.) Er mußte daher seinem Gotte die Eigenschaften nur in unendlichem Maaße beylegen, und daher entsteht denn das sonderbare Phänomen einer

---

*) Auch der scharfsinnige und subtile Hemsterhuis sagt im Aristée, die unendliche Ausdehnung sey die einzige Eigenschaft, die wir in dem unendlichen Gotte erkennen könnten, den er daher auch ganz richtig (und gut platonisch) von der Weltseele unterscheidet.

nicht persönlichen Gottheit, welche so wenige seiner Leser begreifen können, weil der wahre Grund und die Veranlassungen dieses Gedankens nicht ohne alle die Untersuchungen recht eingesehen werden können, die ich hier vorgetragen habe.

Es folgt aber aus ihnen, daß diese Verbindung von lauter unendlichen, mithin ganz unbestimmten Eigenschaften, die bloße Ideen sind, gleichfals nur eine Idee seyn, und schlechterdings nicht als existent gedacht werden könne.

Jenseits des Feldes unsrer Erscheinungen muß indessen etwas der durchgängigen Gemeinschaft aller Weltbegebenheiten zum Grunde liegen, denn diese enthalten ihn nicht völlig. Was es sey, ist ganz unbekannt, und wenn gleich diese Idee auf der einen Seite nicht dienen kann, die dreisten Anmaaßungen einer ohne genugsamen Grund über den Horizont des Verstandes sich erhebenden natürlichen Theologie, zu rechtfertigen, so ist sie auf der andern Seite hinlänglich, die dogmatisch atheistischen Behauptungen einer blödsichtigen

Vernunft, die ihre eignen Gränzen verkennt, auch von dieser Seite, in ihrer ganzen Schwäche darzustellen.

Die Summe aller bisherigen Untersuchungen ist also folgendes:

Aus der Betrachtung der sinnlichen Erscheinungen ergiebt sich, daß dieselben mit etwas zusammenhangen, was kein Gegenstand der sinnlichen Erscheinung seyn kann. Die drey Begriffe der Substanz in der Erscheinung, des Verhältnisses der Ursache zur Wirkung, und der Gemeinschaft aller Gegenstände der Erkenntniß führen auf dieses unbekannte und unbegreifliche, welches durch die Ideen von Dingen an sich, von Kraft, und von einem unendlichen Wesen ausgedrückt wird. Diese Ideen sind aber gar keiner erkennbaren Bestimmungen fähig, denn alle erkennbaren Beschaffenheiten würden schon zu einer wenigstens möglichen Erfahrung gehören, da doch der Gegenstand der Idee nicht in der Erfahrung gegeben werden kann. Diese Ideen bezeichnen also an sich nichts, sondern sie deuten nur an, daß das gesamte Feld der Erscheinungen oder der menschlichen Erkenntniß, noch auf etwas außer sich hinweise, dessen Daseyn daher nicht erkannt, sondern nur geschlossen wird, und nothwendig vorausgesetzt werden muß. Es kann also der Gegenstand der Ideen nie ein Gegenstand der Erkenntniß werden, und daraus ergiebt sich, daß wir durch die Untersuchung der sinnlichen Welt, zwar das Verhältniß derselben zu dem unbekannten, womit sie zusammenhängt, immer weiter erforschen, aber nie ergründen, und die Reihe bis zu ihm selbst vollenden können, wodurch es ein Gegenstand der Erkenntniß werden würde, da doch alle unsre Vorstellung von demselben nur Idee seyn kann.*) Wenn die Ideen von Wesen, von Kraft und von uneingeschränkter Gemein-

*) Hiemit ist auch die Schwierigkeit gehoben, woher es komme, daß die Vernunft des Menschen mit dem Wesen der Dinge außer ihr harmonire, und sie aus ihren Begriffen dieses Wesen erkennen könne, das sich ihr doch nicht zu erkennen giebt: sie erkennet nicht dieses Wesen, sie erkennt nur das, daß sie nicht alles erkenne.

schaft also gebraucht werden sollen, die Seele, die Welt, und die Gottheit, oder den Inbegriff möglicher Erfahrung (welchen diese drey Begriffe in verschiedner Rücksicht andeuten,) an sich, außer der Erfahrung zu erkennen, so werden dadurch die Objecte jener Ideen, zu Gegenständen der Erkenntniß gemacht, und es entsteht daraus der betrügliche Schein, den Kant in der transscendentalen Dialektik aufdeckt. Obwohl aber unsre Vorstellung dieser Dinge an sich nur Idee ist: das ist, Verbindung von Begriffen, nicht Begriff, noch weniger Anschauung von Gegenständen: obwohl sie nie Gegenstände unsrer Erkenntniß seyn können, so sind sie doch etwas außer unsrer Idee; denn unsre Ideen, Begriffe und Vorstellungen sinnlicher Empfindungen, reichen nicht zu, das Daseyn unsrer wirklichen Erkenntniß darzustellen.

Der Mensch erkennet diese Unvollständigkeit seiner Erkenntniß. Er sucht das fehlende, und da er keine andre Objecte hat als Anschauungen und Begriffe, so sucht er es in Anschau=

ungen und Begriffen. Diese führen aber immer weiter, ohne daß jemals auf diesem Wege das Ende erreicht werden kann, welches ganz außerhalb der Erkenntniß und ihrer Gegenstände liegt. Das Ganze eines Fortschrittes von Bestimmungen zum Subjecte, von Wirkungen zur Ursache, von Verbindung zu der vollständigen Gemeinschaft, außerhalb welcher es weiter nichts geben kann, sind also nur Ideen, die durch Begriffe nie erreicht werden können, und in unsrer Erkenntniß weiter zu nichts dienen, als den Wahn zu zerstören, als ob durch Begriffe eine Gränze der möglichen Erkenntniß erreicht werden könne. *)

*) Der einzige Gebrauch der Ideen ist daher ein regulativer: aller Constitutive ist ganz leer, wie Kant es ausdrückt, und vortreflich beweiset. Weil es scheinen könnte, daß seine Behauptung (pag. 644 der Critik,) ,,es sey nur ,,eine Täuschung, daß wir glauben, unsre Er,,fahrungen kämen von einem Gegenstande her, ,,der außer dem Felde empirisch möglicher ,,Erkenntniß läge,,, dem widerspreche, was ich oben zu erweisen gesucht habe, so muß ich darauf aufmerksam machen, daß die Dinge an sich, deren Daseyn aus der Erfahrung ge-

5.

Da uns alle metaphysische evidente, das ist a priori erweisliche Erkenntniß dieser Gegenstände, der Dinge an sich, der Kräfte, und ihrer Gemeinschaft gänzlich mangelt, so ist es unmöglich, einen apodictischen Beweis der Existenz Gottes, als eines Wesens außer aller Erfahrung, Ursache aller Erscheinungen, und Inbegriffs aller möglichen Realität und Erkenntniß zu führen. Es fällt also das ganze theologische System über den Haufen, welches auf dem Begriffe eines unendlichen Wesens und einer letzten Ursache alles existirenden gebauet ist, und so von oben herab, aus diesem gänzlich unbekannten, das ausfüllen will, was der Erfahrung fehlt, um einen vollständigen Begriff von der Welt zu bilden.

schlossen wird, (und die nach vielfältigen Aeusserungen in Kants Schriften, auch nach seinen Vorstellungen angenommen werden müssen) nicht blos außer dem Felde empirisch möglicher, sondern außer dem Felde aller für uns möglichen Erkenntniß, liegen.

Die Metaphysik führt uns zwar darauf, daß das Ganze der Erscheinungen etwas außer ihm bedürfe, worin es gegründet ist, und wovon wir zwar eine unbestimte Idee, aber keinen deutlichen Begriff zu bilden vermögen. Sie führt uns darauf, daß nothwendig etwas dem durchgängigen Zusammenhänge der Welttheile und Weltbegebenheiten zum Grunde liegen müsse. Aber da sich schlechterdings nicht bestimmen lassen kann, was denn dieses sey, so ist diese Idee an sich noch nicht für die Religion brauchbar. Dazu muß erst der Begriff des vollkommensten Verstandes und Willens, willkührlich zu jener metaphysischen Idee gesellet werden, und das geschicht denn auch in der gewöhnlichen demonstrativen Natürlichen Theologie, darin man nur bemühet ist, vielerley Gründe, die zu ganz verschiednen Folgerungen führen, zu häufen, um daraus einen einzigen Begriff zu bilden, der auf so übel zusammengesetztem Grunde erbauet, den Einwürfen und Verspottungen der Gegner nur zu sehr ausgesetzt ist.

Da Verstand und Wille eines höchsten Wesens der Grundbegriff aller Religion ist, der letzte Grund aller Weltbegebenheiten aber in dem Objecte der metaphysischen Idee zu suchen ist, von dessen Beschaffenheiten schlechterdings nichts uns bekannt werden kann, so folgt hieraus ganz offenbar, daß der letzte Grund alles existirenden zwar wohl in der Gottheit, nicht aber in ihren Vorstellungen zu suchen sey: daß dasjenige, was wir Menschen, Absicht und Wahl nennen, in der Welt noch so viel wirken mag, aber nicht den Grund des Ganzen enthalten könne: indem sie nur Erscheinungen sind, die andre Erscheinungen bestimmen, der Grund aller Erscheinung aber außerhalb aller Erscheinung gesucht werden muß.

Wenn wir den Gedanken eines höchsten Verstandes und Willens entwickeln und erweisen wollen, so werden wir uns daher zu hüten haben, daß wir nicht etwa, gleich den mehresten nicht demonstrativen Lehrgebäuden natürlicher Theologie, in Betrachtungen, die ganz unmetaphysisch seyn sollen und müssen, unbestimmte und unerweisliche metaphysische

Ideen mit einmischen, so wie gegentheils die demonstrativen Lehrer zu ihren a priori gebildeten Begriffen Erfahrungsbegriffe unbefugter Weise gesellen.

Der Glaube an höhere empfindende und denkende Wesen ist so tief in den Erscheinungen der Natur und in dem Wesen des menschlichen Verstandes gegründet, daß sich unter allen Völkern und in allen Zeiten Spuren davon finden, wenn gleich diese Vorstellungen durch die verschiednen Grade der Cultur des Verstandes und der Sitten, unendlich verschiedne Gestalten erhalten. Im Grunde ist es eben dieselbe Denkungsart, welche dem unwissenden und rohen Menschen beym Ungewitter Furcht vor einem unsichtbaren aber verständigen Wesen einflößt, und welche den ruhigen Naturforscher, der den allgemeinen Zusammenhang des unermeßlichen Weltgebäudes erkennt, mit dem großen Gedanken eines dieses Universum umfassenden Verstandes erfüllt.

Der Mensch nimmt einige Erscheinungen der Welt wahr, verbindet solche auf mannigfaltige Weise, und wendet die Begriffe des reinen Verstandes darauf an. Er erkennt aber auch deutlich, daß noch unendlich mehrere Erscheinungen da sind: er erkennt, daß überall Grund zu Verbindung der Erscheinungen in höhern Begriffe und in einem höhern Bewußtseyn, auch da ist, wo der menschliche Geist nicht hindringt, und nicht genug umfaßt. Grund genug, das Daseyn andrer geistiger Erscheinungen anzunehmen, außer denen, welche die Menschen ausmachen. Und da solche Verbindungen unter allen Erscheinungen einer Welt statt finden, da sie alle in Verbindung und Beziehung auf einander gedacht werden können, so ist es natürlich, auch einen höchsten Geist anzunehmen, der das Ganze der Erscheinungen in allen seinen Theilen vollkommen deutlich erkennt, und durch Begriffe des Verstandes in einem höchsten Bewußtseyn vereinigt.

Dieser Beweis, und die Vorstellung von der Gottheit, die aus ihm folgt, ist sehr vielen Schwierigkeiten nicht unterworfen, die die gewöhnlichen Systeme drücken, welche sich nie davon haben losmachen können. Wenn das Wesen der Gottheit, wie Plato lehrt, nur in dem

dem Bewußtseyn der Begriffe des reinen Verstandes und der Ideen der Vernunft bestehen soll, wenn also die Form des menschlichen Denkens entweder wirklich für sich ohne Object, in der Gottheit als einem reinen Geiste existirt, oder wenn diese Gottheit auch etwa jene Begriffe auf andre nicht sinnliche Gegenstände anwendet, so hat sie immer keine Verbindung mit der Sinnenwelt. Wir nehmen aber ihr Daseyn nur deswegen an, um unsern Begriff von den Phänomenen dieser Sinnenwelt vollständig zu machen. Ihr muß also die vollkommenste Erkenntniß derselben beygelegt werden.

Es stehen aber auch mit unsern Gedanken und Empfindungen andre Erscheinungen in Verbindung, deren wir uns nicht bewußt sind *).

---

*) Wie denn auch Leibniz der Seele des Menschen, damit sie die Quelle aller ihrer Veränderungen in sich selbst enthalte, eine dunkle Vorstellung von der ganzen Welt beylegen mußte, dadurch sie gewissermaaßen Gott gleich ward, nur daß dieser alles zugleich deutlich, und jene immer das meiste nur dunkel erkennen sollte. Princ. philos. in gratiam Princ. Eugenii § 62.

H

Zu der vollständigen Vorstellung von der Welt gehören also auch die Erscheinungen des innern Sinnes: und es ließe sich daher wohl gedenken, daß die Vorstellungen aller eingeschränkten Wesen, gleichfals Theile jenes alles umfassenden Ganzen seyen: wenn es gleich an hinreichenden Gründen fehlen dürfte, diesen Gedanken zu erweisen.

Hingegen ist er auch noch nicht durch die Behauptung widerlegt, daß die Seele ein für sich bestehendes einfaches Wesen sey, welches also nicht wiederum mit andern zusammen nur eines ausmachen könne. Diese Lehre von der absoluten Einheit (Einfachheit) der menschlichen Seele ist durch die Theilbarkeit der Materie veranlaßt. Weil die Ausdehnung ihrem Wesen nach immer theilbar ist, und der Begriff des Zusammengesetzten allemal sich auf etwas einfaches beziehet, so ward man verleitet, die einfachen Theile der ausgedehnten Materie zu suchen, und gerieth dadurch in unendliche Widersprüche, bis Leibniz zeigte, die Ausdehnung existire nur in der Vorstellung. Nächstdem aber findet sich gleichfals, daß auch alle andre Vor stellungen in gewisser Rüksicht einfach sind, und in andrer Rüksicht mehreres enthalten. Der Metaphysiker schließt daher, daß, wenn gleich Erscheinung vielfach ist, die Dinge an sich die ihnen zum Grunde liegen, einfach seyn müssen. Nun ist so viel gewiß, daß dieser Begriff der Einfachheit nicht aus der Erfahrung genommen ist, in der er nirgends erscheint, weder den äußern noch den innern Sinnen. Der Begriff der absoluten Einheit kann daher nicht auf Erscheinungen angewendet werden, sondern nur auf die Art wie Erscheinungen gedacht werden, auf die Form, die vor aller sinnlichen Erscheinung im Menschen ist*). Schlechterdings einfach in jeder Rükficht ist daher auch gar nichts als der reine Begriff der Einfachheit selbst, und seine Anwendung auf Raum und Zeit: so wie es auch die Ideen vom mathematischen Punkte und vom untheilbaren Augenblicke sind. Alle unsre Begriffe aber deuten nur an, wie etwas unter

H 2

---

*) Auch Spinoza beweiset, daß Zahl, Maaß und Zeit blos modi cogitandi sind. S dessen App. ad Princ. phil. Cartesianae Part. I Cap. VI. und die vortrefliche Epistola XXIX, in den Opp. Posth.

den Bedingungen unsrer Denkkraft gedacht werde, oder gedacht werden müsse. Wie dürften wir sie denn auf Dinge an sich selbst anwenden? *)

Nun vereinigen sich in der menschlichen Seele mannigfaltige Vorstellungen unter einem Begriffe, und in einem Bewußtseyn. Wie das geschehe, ist eine unauflösliche Frage; denn sie erstreckt sich über das völlig unbekannte Wesen der Seele. Es ist unmöglich die Frage zu beantworten, wie es zugehe, daß man denke; denn die Antwort könnte doch nur vermittelst eines Gedankens gegeben werden, müßte also auf einen ewigen Cirkel führen. Daß diese Vorstellungen sich ebenfals noch mit andern unter höhere Begriffe, und in einem höhern Bewußtseyn verbinden, ist daher ein Gedanke, dessen innre Möglichkeit, man nicht darthun

---

*) Es scheint mir daher der erste Satz im 2ten Cap. von Herrn Ulrichs Metaphysik: quae vere plura sunt, nec unum sunt, aut fieri possunt, neque videri, nisi apperceptio quaedam accedat: nicht brauchbar. Synthetisch ist dieser Satz nicht, denn die apperceptio steckt schon in dem videri.

kann. Dagegen ist er auch nicht erweislich, und es ist daher genug ihn angezeigt zu haben.

Ob das Wirkliche der einzige Gegenstand der Gedanken des höchsten Verstandes sey, oder ob die Gottheit noch außerdem etwas gedenke, läßt sich nicht wohl bestimmen. Wie es aber auch damit sey, so ist doch kein Grund anzunehmen, daß sie sich dieses als möglich gedenke und sich das Wirkliche von diesem Möglichen, nur durch ihren Willen unterscheide. Es scheint uns zwar, als ob in jedem Augenblick vieles möglich sey, ob gleich nur eines wirklich wird. Um dieses mögliche als wirklich zu gedenken, bedarf es nur der Abänderung vorhergehender Bestimmungen. Diese führt ins Unendliche. Weil aber jedes einzelne Glied dieser unendlichen Reihe zufällig ist, so kann die ganze Reihe, die nur aus Zufälligkeiten besteht, nicht anders als zufällig gedacht werden. Allein wir haben oben gesehen, daß die zufällige Reihe der Erscheinungen in etwas anderm gegründet seyn müsse, welches nicht Erscheinung, welches also weder Verstand noch Willen seyn, wohl aber den Grund beyder enthalten kann. Ob daran eine andre unendliche Reihe Begebenheiten geknüpft werden könne, läßt sich nicht bestimmen. Wenn wir aber vollends betrachten, daß Möglichkeit, Zufälligkeit und Nothwendigkeit nichts als Bestimmungen unsrer Vorstellungen als Gedanken, sind, und daß von der mehr oder weniger vollständigen Erkenntniß der Bestimmungsgründe allein die Anwendung jener Begriffe auf unsre Vorstellungen abhängt; so werden wir auch hieraus erkennen, daß die ganze Frage, ob an sich selbst ein mehreres möglich sey, als das, was wirklich ist, auf Täuschung beruhe, und nur durch Wortspiele entschieden werden könne.

Sehr vieles, welches wir als möglich gedenken, mag wohl an sich selbst möglich und wirklich seyn, nur in andern Verhältnissen des Orts und der Zeit. Vieles aber erscheint unsrer Einbildungkraft als möglich, welches bey vollständiger Erkenntniß der Wesen, nicht möglich bleibt, von der Gottheit also zwar wohl gedacht, aber nicht als möglich gedacht werden kann. Daß die Gottheit solche Ideale von einzeln Dingen, sowohl als vom Ganzen sich denke, wird sehr wahrscheinlich durch die Betrachtung der Anlage zur Schönheit und Vollkommenheit, die sich in allen Wesen deutlich zeigt, aber in der Ausführung nicht erreicht worden, und durch die Betrachtung des großen Hanges des Menschen, alles ihm bekannte in Gedanken zu verschönern, welcher sich auf jene Anlagen bezieht.*) Worin sich die wirklichen Dinge von den Ideen der Gottheit, die nicht wirklich werden, unterscheiden, läßt sich ganz unmöglich bestimmen, da wir nicht wissen, was Dinge an sich selbst sind. So wie aber die einzelnen Ideale der größten Vollkommenheit, als, zum Exempel, der vollkomne Weise, die Künstler-Ideale vollkommner sinnlicher Schönheit u. s. w. nur in den Gedanken eines erkennenden Wesens, sonst aber nicht existiren: so scheint es ebenfals mit dem Ideale

*) Wer von diesen Ideen der Gottheit mehr zu wissen verlangt, wird interessante Vermuthungen und schöne Träume darüber im Parmenides des Plato finden, welcher die Vollkommenheit in der Ausführung, der Materie zuschreibt. S. auch Plotini Ennead. vorzüglich Enn. V, Lib. 9.

des Ganzen, der vollkommensten Welt, beschaffen zu seyn.

Die Lehre, daß sie mehr sey als Idee, daß die wirkliche Welt, die vollkommenste unter mehreren Gedenkbaren sey, oder der Optimismus, der seit Leibniz *) für das wesentliche der natürlichen Religion gehalten wird, nachdem er gleich anfangs als eine erschreckliche Ketzerey verschrieen worden, setzt zuerst die oben verworfenen Begriffe von Möglichkeit und Wirklichkeit voraus. Er stüzt sich aber ferner, auf unrichtige Begriffe von den moralischen Eigenschaften des höchsten Wesens. Um diese zu berichtigen, muß ich hier den Begriff der moralischen Vollkommenheit überhaupt, untersuchen.

Niemand wird eine unwillkührliche Handlung moralisch oder unmoralisch nennen. Der

---

*) Wenn auch der Brief an den Canzler Pfaff nicht vorhanden wäre, so würde man dennoch schon gegründete Zweifel dagegen erregen können, ob Leibniz selbst dieses System geglaubt, welches er zur Beruhigung der von den damaligen Zweiflern geängsteten Seelen aufstellte, und welches nachdem von seinen Schülern für das wichtigste in seiner ganzen Philosophie ist angesehen worden.

Begriff der Moralität beziehet sich also nicht auf Handlungen, sondern auf den Willen. Er faßt aber die Billigung und Misbilligung fremder Handlungen, oder eines fremden Willens, eben so wohl in sich als des eignen. Es giebt moralische und unmoralische Empfindungen sowohl als Handlungen. Was haben denn beyde mit einander gemein, und worin liegt der Grund des sittlichen Guten und Bösen?

Ohne Empfindung des Vergnügens und Misvergnügens, will der Mensch nichts. Die einfache Verbindung des Vergnügens oder Schmerzes mit einer Wahrnehmung der Sinne, ist bloße Begierde oder Abscheu. Ganz sinnliche Wesen werden durch solche einfache Verknüpfungen jeden Augenblick regiert. So die Thiere, wenigstens mehrentheils *). Sie fühlen nur den einfachen Trieb oder Abneigung, und da sie keine Vergleichung anzustellen wissen, legt man ihnen nur uneigentlich einen

H 5

*) In diesem Verstande können die Thiere Maschinen heißen. Hingegen ist die gänzliche Empfindungslosigkeit derselben eine grundlose und in der practischen Sittenlehre schädliche Hypothese.

Willen bey; wenigstens sind sie keines moralischen oder unmoralischen Willens fähig. Diejenigen Wesen hingegen, die Verstand und Vernunft haben, verbinden mehrere sinnliche Wahrnehmungen in höhere Begriffe. Verbindung sinnlicher Wahrnehmungen und ihrer Verhältnisse ist das Geschäft des Verstandes. Sind es aber nicht bloße Wahrnehmungen der äußern Sinne, sondern auch Empfindungen des Vergnügens und Schmerzens, die in jene Begriffe des Verstandes vereinigt, und deren Verhältnisse empfunden werden, so entstehn hieraus die Vorstellungen, welche die Thätigkeit in Bewegung setzen, der Wille. Nun ist der Gegenstand jeder Begierde immer etwas angenehmes, oder gutes, und es ist also jede einfache Begierde an sich gut. Werden aber mehrere Begierden in einen Begriff verbunden, so sind die Begriffe und damit verknüpften Begierden, sittlich gut, welche gedenkbar, vernunftmäßig sind *). Die Verbindung wider-

---

*) Allgemeingültigkeit und innere Nothwendigkeit, sind unzertrennlich: denn der Begriff, der in sich nothwendig ist, muß allemal gelten, und hinwiederum läßt sich Allgemeingültigkeit

sprechender Begierden in einen Begriff erzeugt hingegen das sittlich böse; daher man unmoralische Begierden auch mit Unwahrheiten vergleichen könnte.

Weil sich eine solche Verbindung mehrerer Vorstellungen und Empfindungen in den Begriff einer Handlung schlechterdings nicht ohne Rücksicht auf vorhergehendes und nachfolgendes denken läßt, so ist keine Begierde oder Handlung, ohne Rücksicht auf ihre Folgen, sitt-

nur von dem erweisen, der innerlich nothwendig ist. Kant gründet seine unvergleichliche Ausführung der moralischen Grundbegriffe in seiner Grundlegung zur Metaphysik der Sitten, lauf die Allgemeingültigkeit: das ist auf unveränderliche Wahrheit für jedermann, und in allen möglichen ähnlichen Fällen, nicht aber Gemeinnützigkeit, wie manche es misverstanden, und daher geglaubt haben, dieser Grundbegriff sey von den gewöhnlichen nur im Ausdrucke verschieden. Der Begriff der Allgemeingültigkeit ist vielleicht fruchtbarer und leichter anzuwenden, als die innre Nothwendigkeit. Ich ziehe aber diesen Weg vor, weil es mir scheint, daß die Allgemeinheit erst aus der innern Nothwendigkeit müsse hergeleitet werden. Auch wird dadurch jener Misverstand vermieden.

lich gut oder übel. Daher rührt die Täuschung, welche die Leugner der innern Moralität der Handlungen verleitet, die Sittlichkeit aus den Folgen zu erklären, da es doch nicht diese Folgen, sondern die Rücksicht auf selbige im Augenblicke der Begierde oder Handlung ist, wodurch sie gut oder böse wird.

Ich will diese abstracten Begriffe erläutern Zuerst ein Beyspiel von dem unsittlichen Verhalten gegen sich selbst.

Eine einfache Begierde, die sinnlichen Genuß, und also etwas an sich selbst Gutes zum Gegenstande hat, ist nicht unsittlich, so lange ich keine üble Folgen davon vermuthe, wenn sich auch nächstdem noch so schlimme Folgen davon zeigen sollten. Weiß ich hingegen, daß ihre Befriedigung in ihren Folgen, der Gesundheit meines Körpers oder den Kräften meines Geistes so viel schadet, daß dadurch mehr übles für mich entstehn wird, oder ich Gutes werde entbehren müssen, mehr als das Gute, das ich begehre, meiner eignen Einsicht nach werth ist, so ziehe ich, wenn ich dennoch jener Begierde nachgebe, das geringere Gute dem größern vor, welches ein Widerspruch ist.

sprechender Begierden in einen Begriff erzeugt hingegen das sittlich böse; daher man unmoralische Begierden auch mit Unwahrheiten vergleichen könnte.

Weil sich eine solche Verbindung mehrerer Vorstellungen und Empfindungen in den Begriff einer Handlung schlechterdings nicht ohne Rücksicht auf vorhergehendes und nachfolgendes denken läßt, so ist keine Begierde oder Handlung, ohne Rücksicht auf ihre Folgen, sitt-

nur von dem erweisen, der innerlich nothwendig ist. Kant gründet seine unvergleichlich. Ausführung der moralischen Grundbegriffe in seiner Grundlegung zur Metaphysik der Sitten, lauf die Allgemeingültigkeit: das ist auf unveränderliche Wahrheit für jedermann, und in allen möglichen ähnlichen Fällen, nicht aber Gemeinnützigkeit, wie manche es misverstanden, und daher geglaubt haben, dieser Grundbegriff sey von den gewöhnlichen nur im Ausdrucke verschieden. Der Begriff der Allgemeingültigkeit ist vielleicht fruchtbarer und leichter anzuwenden, als die innre Nothwendigkeit. Ich ziehe aber diesen Weg vor, weil es mir scheint, daß die Allgemeinheit erst aus der innern Nothwendigkeit müsse hergeleitet werden. Auch wird dadurch jener Misverstand vermieden.

lich gut oder übel. Daher rührt die Täuschung, welche die Leugner der innern Moralität der Handlungen verleitet, die Sittlichkeit aus den Folgen zu erklären, da es doch nicht diese Folgen, sondern die Rücksicht auf selbige im Augenblicke der Begierde oder Handlung ist, wodurch sie gut oder böse wird.

Ich will diese abstracten Begriffe erläutern Zuerst ein Beyspiel von dem unsittlichen Verhalten gegen sich selbst.

Eine einfache Begierde, die sinnlichen Genuß, und also etwas an sich selbst Gutes zum Gegenstande hat, ist nicht unsittlich, so lange ich keine üble Folgen davon vermuthe, wenn sich auch nächstdem noch so schlimme Folgen davon zeigen sollten. Weiß ich hingegen, daß ihre Befriedigung in ihren Folgen, der Gesundheit meines Körpers oder den Kräften meines Geistes so viel schadet, daß dadurch mehr übles für mich entstehn wird, oder ich Gutes werde entbehren müssen, mehr als das Gute, das ich begehre, meiner eignen Einsicht nach werth ist, so ziehe ich, wenn ich dennoch jener Begierde nachgebe, das geringere Gute dem größern vor, welches ein Widerspruch ist.

Nur ein Beyspiel von dem unsittlichen Verhalten gegen andre. In dem Begriffe des Eigenthums ist die Vorstellung des Genusses und des damit verknüpften Vergnügens enthalten: dadurch wird er zu einem Gegenstande der Sittlichkeit. Diesen Begriff billigt ein Mensch. Er wünscht nehmlich nicht nur, das seinige zu behalten, sondern er findet den Begriff des Eigenthums an sich, ohne Rüksicht auf seinen eignen gegenwärtigen Zustand, auf seine gegenwärtige sinnlichen Empfindungen, gut: gedenkbar. Nun ist der Begriff einer Handlung, dadurch wir etwas genießen, oder uns etwas zueignen, das uns gefällt, an sich gleichfals gedenkbar, und daher nicht unmoralisch. Der Begriff des Diebstahls hingegen, als einer Handlung, die das Eigenthum verletzt, würde diese beyden Begriffe des Wohlgefallens am Nehmen, und des Wohlgefallens am Behalten, auf eine widersprechende Weise, oder das Wohlgefallen am Eigenthum und am Nicht=Eigenthum, mit einander verbinden, und ist daher nicht gedenkbar.

Auch ist es in der bloßen Erkenntniß des Verstandes, in der ruhigen Betrachtung, eben so unmöglich, eine für unmoralisch erkannte Handlung, das ist eine solche, deren Begriff widersprechend ist, zu billigen, als es unmöglich ist, einen anerkannten Irrthum für wahr zu halten. Daß irgend ein Verstand eine Handlung billigen sollte, die uns selbst mehr Uebles als Gutes zufügt, da er das mehrere Gute für besser erkennen muß: oder daß er mit dem Begriffe einer Handlung, Wohlgefallen verbände, die wie der Diebstahl, andern solches Uebel zufügt, welches wir selbst misbilligen, oder ihnen solches Gute entziehet, welches wir selbst wollen, daß sie genießen: dieses würde allen ganz unmöglich seyn, wenn der innre Gehalt der Begriffe das Wohlgefallen bestimmte. Wir bemerken aber, daß nicht die Gedenkbarkeit eines Begriffes, der die Empfindungen des Vergnügens in sich faßt, hinreicht, um Handlungen hervorzubringen: sondern daß dieselben durch die eignen Empfindungen des Vergnügens und Schmerzens bestimmt werden, welche von subjectiven Bedingungen unfrer Sinnlichkeit abhängen: daß der Gedanke einer Handlung, von der wir erkennen, daß sie die größte Summe reinen Vergnügens in sich faßt, dennoch nicht hinreichend ist, sie zu bewirken, wenn nicht eignes gegenwärtiges Vergnügen diesen Gedanken begleitet. Nun ist zwar mit der Beschäftigung des Verstandes, mit der Erkenntniß der Verhältnisse, unabhängig von ihrem Gegenstande der an sich selbst betrachtet angenehm oder unangenehm seyn mag, Vergnügen verknüpft; und dieses Wohlgefallen an der Verstandshandlung, dadurch die Verhältnisse, die in einem Begriff enthalten sind, erkannt werden, (das Wohlgefallen an der Vollkommenheit) ist eine sehr mächtige Triebfeder der menschlichen Handlungen.

Eben so ist mit allen unmoralischen Gedanken und Handlungen, nicht nur die widrige Empfindung verbunden, welche allen innern Widerspruch begleitet: sondern diese Empfindung ist hier noch weit schmerzhafter, weil der innre Widerspruch, der in einer unsittlichen Empfindung oder Handlung liegt, gar nicht gehoben werden kann. Ein Irthum verschwindet, so bald wir ihn einsehen, aber eine Handlung oder auch nur eine Begierde, die anerkannten Widerspruch enthält, kann gar nicht übereinstimmend gemacht werden, und es ist daher begreiflich, wie das Bewußtseyn eines solchen unauflöslichen Widerspruchs in unseren Empfindungen, und die Erinnerung geschehener Dinge (das böse Gewissen) Menschen dazu treiben konnte, sich selbst zu zerstören, um nur jenes zu endigen.

Obgleich nun die Erkenntniß der Vollkommenheit durch mit ihr verbundnes Vergnügen und Schmerz eine mächtige Triebfeder der Handlungen ist, so ist sie doch nicht die einzige. Denn vermöge des Begriffes der Sittlichkeit, hat sie nur solche Erscheinungen zum Gegenstande, welche Vergnügen oder Schmerz empfindender Wesen enthalten. Es ist also allemal eignes Vergnügen oder Schmerz, entweder unmittelbar, oder durch die Sympathie der Empfindungen, welche wir uns vorstellen, mit dem Gegenstande sittlicher Empfindungen und Gedanken verbunden. Wenn nun der Einfluß, den dieses auf unsre Handlungen hat, mit der Einsicht des uninteressirten und unabhängig vom Einflusse eigner Sinnlichkeit erkennenden Verstandes, harmonirt: so entspringt eine moralische, sittlich gute Handlung. Widerspricht er ihr hingegen und überwiegt dennoch durch die sinnliche Lebhaftigkeit einer Vorstellung: so entspringt eine unsittliche Handlung, deren Möglichkeit a priori gar nicht begreiflich war. So vermag, in dem Beyspiele des Diebstahls, das gegenwärtige Vergnügen am Nehmen, durch seine Lebhaftigkeit, als durch welche die Thätigkeit des Menschen regiert wird, seinen Begriff, der im Verstande widersprechend ist, in der Sinnlichkeit wirklich zu machen.

Wenn nun gleich alles, was in dem Verstande Eines Menschen widersprechend ist, auch jedem andern, der sich die gleichen Vorstellungen und Begriffe denket, widersprechend erscheinen muß; denn es wären ja sonst nicht dieselben Vorstellungen und Begriffe: so kann doch nie ein Verstand Richter über den andern seyn wollen, weil ein jeder allein weiß, was für Vorstellungen und Empfindungen er in jedem Begriffe vereinigt. Alles, was man also

J

von einem Menschen verlangen kann, um ihn moralisch gut zu nennen, ist dieses, daß er immer seiner Einsicht folge, ohne sich von der Sinnlichkeit irre machen zu lassen. Niemand aber darf einen andern Menschen zwingen, etwas zu thun: denn wenn sein Wille vernunftmäßig ist, welches ich nicht beurtheilen kann, so wäre ich genöthigt, ihn zu billigen, sobald ich ihn erkennte: ich könnte also unmöglich zugleich Erscheinungen billigen, die diesen Willen zernichteten, und das wären alle solche, die diesem Menschen Zwang anthäten.

Auf diese Art entspringt aus dem Satze des Widerspruchs auch der Hauptgrundsatz der vollkommnen Pflichten gegen andre Menschen, und es erhellt zugleich, warum diese ursprünglich nur negativ seyn können.

Von diesem Verbote des Zwanges ist der einzige Fall ausgenommen, da ein Mensch den andern nöthigte, seiner eignen Einsicht zu folgen: und da würde dieser (oder seine Vernunft wenigstens) gewiß eben so wohl demjenigen Dank wissen, der ihn gezwungen hätte, als ein Kranker, der seiner Glieder nicht mächtig ist, dem dankt, der sie dahin lenket, wohin er es wünschet. Dieser Fall ist hin und wieder, aber nur selten möglich, wenn er gleich oft genug zum Vorwande eigennütziger Gewaltthätigkeit dürfte gegen den Unglücklichen gebraucht werden, der sich es einmal merken ließe, daß er den Grundsatz anerkannte; wovon sogar manche Gesetzgeber und Regenten Beyspiele geben.

Die Immoralität ist also mehr als bloßer Mangel an Vollkommenheit, wodurch Spinoza *) und die Leibnitzianer **) sie erklären. Wolf zeigt zwar richtig ***), daß das moralische Uebel im Widerspruche bestehe. Da er aber, so wie die übrigen Schüler Leibnitzens, alles physische Uebel aus bloßer Einschränkung erklärt, und also zu einem negativen Begriffe macht, so verfährt er auch natürlicher Weise eben so mit dem positiven im moralischen Uebel: der peinlichen Empfindung, die mit dem innern Widerspruche unter den Handlungen

---

*) Opp. posthuma. Ep. XXXII.
**) Wolff Theol. nat. P. I. § 577 und die daselbst citirten §§ Baumgarten Metaph. § 46. Mendelssohns Briefe über die Empfindungen und andre.
***) Theol. nat. Pars I. § 578 seqq.

und den Grundsätzen des Verstandes verbunden ist. Weil nun jeder Wille unmoralisch ist, der einen Widerspruch enthält*), so ließe sich in dieser Rücksicht, der stoische Satz allenfalls rechtfertigen daß alle Laster gleich seyen, sogut als alle widersprechende Begriffe, Unwahrheiten sind.

Ich habe schon bemerkt, daß die Triebfeder der sittlichen Handlungen nicht in der Gedenkbarkeit ihrer Begriffe enthalten sey, sondern vielmehr in dem Vergnügen, welches mit der Erkenntniß derselben verbunden ist.**) Das Maaß dieses Vergnügens wird aber nicht allein durch den Gegenstand der Erkenntniß bestimmt,

---

*) Das Principium der Moralität beruhet also auf dem Satze des Widerspruchs, ist analytisch, und aus bloßer Vernunft begreiflich. Aber die Anwendung desselben auf die Handlungen oder der Satz, Thun das, was du als allgemeines Gesetz willst gelten lassen: ist synthetisch, und aus bloßer Vernunft nicht begreiflich, wie Kant sehr richtig behauptet: Denn die Erfahrung muß uns erst lehren, daß aus unsern Vorstellungen, Handlungen entspringen.

**) Die gemeine Vorstellungsart vermischt Vernunft und Sinnlichkeit, und schreibt der ersten an sich, eine der Natur der letztern ge-

sondern hängt auch von subjectiven Bedingungen unsrer Erkenntniß ab.

Ja es findet sich bey genauer Prüfung der Beobachtungen über das Vergnügen, welches wir bey der Wirksamkeit des Verstandes empfinden: daß es sowohl als alles übrige Vergnügen, nicht mit dem unbeweglichen Anschauen einer Vollkommenheit verbunden ist; daß lebhaftere Erkenntniß einer größeren Vollkommenheit nicht allemal größeres Vergnügen gewährt, sondern daß diese Empfindung nur mit dem Bewußtseyn des Ueberganges zu der Er-

mäße Causalität zu. Auf der andern Seite vindicirt Kant der Vernunft an sich selbst, eine eigne Causalität durch Freyheit, welche durch Sollen ausgedrückt werde. Ich glaube, daß meine Behauptung gegen beydes durch eine einzige Bemerkung gerechtfertigt werden könne. Das Bewußtseyn des Vernunftgesetzes ist in Concreto, in jedem gegebnen Falle, da es von einem Menschen gedacht wird, selbst Erscheinung. Nicht das Gesetz, aber der Gedanke, wodurch es im gegebnen Falle gedacht wird, ist Naturerscheinung, oder kann wenigstens nicht anders, als in Erscheinung des innern Sinnes, existiren, und vermittelst derselben, kann es als Ursache gedacht werden.

kenntniß oder dem Gefühle von größerer Vollkommenheit, als wir vorher erkannten, verbunden ist *). Und hiedurch wird die Triebfeder unsrer Handlungen noch mehr den subjectiven Bedingungen unsers eignen Zustandes unterworfen.

Hieraus folgt, daß der Mensch und alle Wesen, die ihm hierin gleich sind, sich damit begnügen müssen, die Triebfeder ihrer Handlungen mit dem Gesetze der Vernunft so viel möglich in Uebereinstimmung zu bringen, aber nie durch das moralische Gesetz allein zum Han-

---

*) Alles Vergnügen des Körpers ist mit Bewegung verbunden: in völliger Ruhe würden wir gar nichts von ihm empfinden. — Langes Anschauen der Vollkommenheit, welche sie auch sey, so bald wir sie eingesehen haben, und mit eins, ganz und deutlich übersehen können, sättigt. Ich führe diese Beyspiele nur an, um die Theorie zu erläutern und ihre Wahrheit auffallender zu machen. Es ist hier nicht der Ort, die Leibnizische Theorie, daß alles Vergnügen mit (deutlicher oder dunkler) Erkenntniß der Vollkommenheit verbunden sey, auszuführen, und gegen so viele mehrentheils schlechte Einwürfe zu rechtfertigen: und so dann meine ihr hinzugefügte Bestimmung ausführlicher zu erörtern, und auf alle Arten des Vergnügens anzuwenden.

peln bestimt werden können. Auch wird der Mensch nicht durch Tugend, sondern durch tugendhafte Wirksamkeit im denken und handeln glüklich. Die verschiednen Neigungen des Menschen *) werden aber darnach gewürdigt werden müssen, wie viel sie dazu beytragen, uns jener Idee von Sittlichkeit näher zu bringen, die wir nie vollkommen erreichen können. Diese Betrachtungen warnen uns zugleich vor dem gefährlichen Abwege der Moralisten, welche sich verleiten laßen, alle Neigungen zu verdammen, welche nicht aus dem Gesetze der Sittlichkeit entspringen, wenn sie gleich demselben nicht entgegen arbeiten. Andre Declamatoren, und mit ihnen sehr tiefdenkende Philosophen, verdammen Neigungen, die aus den natürlichen Verhältnißen der Menschen entspringen, zwar nicht: sie laßen sich aber vom Enthusiasmus für die schöne Idee der Tugend hinreißen, die bloße Abstraction, die nur als Idee existiren kann, zu erheben, da sie doch tugendhafte Neigungen

*) Die Sympathie zum Exempel, welche im Ganzen nur einen schlechten Grund eines wirklich moralischen Betragens abgeben würde, wenn gleich ihre Cultur oft zur Moralität sehr gut mitwirkt.

welche möglich sind, befördern sollten. Sie thun der Sittlichkeit, durch diese Entfernung von den Gegenständen der wirklichen Welt, unbeschreiblichen Schaden. Weil der Mensch findet, daß die Idee der Tugend nie in der Sinnlichkeit rein dargestellt werden kann, so wird er verleitet, entweder dieser letzten sich schwärmerisch entziehen zu wollen, oder sich zu theilen: der Sittlichkeit in der Speculation, der Sinnlichkeit im wirklichen Leben sich zu ergeben, und durch diesen vermeinten, nicht in der Natur sondern in falschem Wahne gegründeten, Widerspruch aller natürlichen Neigungen mit der Tugend, wird er zu einer Art zu denken und zu handeln gebracht, die ihn in eignen und fremden Augen verächtlich, ihn selbst unglüklich, und andern gefährlich macht.

Wenn es nun gleich unmöglich ist, daß jemals ein Mensch dem Ideale der Sittlichkeit vollkommen entspreche, so wird er doch die Erforderniß derselben allemal in so weit erfüllen, als seine Empfindungen und Handlungen mit ihr harmoniren, wenn sie gleich nicht das Ideal selbst ausdrücken: er wird sittlich gut seyn, so lange seine Erkenntniß der Vollkommenheit seine Handlungen und Empfindungen entweder bestimmt, oder diese jener Erkenntniß des Gesetzes wenigstens gemäß sind. Es ist daher der Grundsatz der Vollkommenheit als höchster Grundsatz der Moral brauchbar, wenn gleich nicht ohne die vorher ausgeführte Theorie befriedigend. Denn ich kann immer noch fragen, warum denn der Mensch nach Vollkommenheit streben müsse? dazu denn der Grund in der Vernunft gesucht werden muß. Nun kann man auch mich immer noch fragen, warum der Mensch vernünftig seyn sollte, wenn er sich besser dabey befindet, blos sinnlich zu seyn? Und wenn der Skeptiker weiter nichts verlangt, so muß ich ihm zugeben, daß diese Frage gar nicht beantwortet werden könne, denn der Begriff der Sittlichkeit besteht nur in und durch Vernunft. So wenig als für Thiere eine Moral gedacht werden kann, eben so wenig läßt sich eine solche für Menschen gedenken, die bey der bloßen Sinnlichkeit bleiben wollen. Für sie ist nichts anders zu thun, als ihnen eine Regel des Eigennutzes vorzuschreiben, bey welcher der

Skeptiker vortrefliches Spiel hat, indem des Diderot sait on ou l'on va? zwar zu vielen schönen Untersuchungen und Declamationen Anlaß geben, aber nie hinreichend beantwortet werden kann. Daß die Vernunft den Vorzug vor der Sinnlichkeit verdiene, läßt sich a prori nicht beweisen, und in so fern kann die vollkommenste speculative Moral, um allgemein practisch zu werden, doch nicht ganz der empirischen Seelenlehre entbehren. Aber es dürfte auch noch dazu schwer genug seyn, es aus einer Sammlung von Erfahrungen, demjenigen darzuthun, der es nicht schon bey jedem einzelnen Falle sogleich in der dadurch veranlaßten allgemeinen Vergleichung der Sittlichkeit mit der Sinnlichkeit fühlt. Das einzige, was hier zu thun bleibt, ist daher, auf dieses Gefühl, welches sich in allen vernünftigen Wesen, stärker oder schwächer findet, aufmerksam zu machen, und es zu schärfen.

So lange der einzelne Mensch isolirt betrachtet wird, mögte nun jeder der Vernunft oder der Sinnlichkeit sich ergeben, wie es ihm beliebte, und eine seinen Anlagen gemäße Glükseligkeit suchen, und finden oder verfehten. Es würde dieses nur von ihm und von dem unabänderlichen Laufe der ihn umgebenden Natur abhängen. Allein durch die so mannichfaltig verwickelten Verhältniße in welche die Menschen in unsern Staaten mit einander gerathen, läßt sich nicht mehr einer von allen übrigen also trennen. Das Interesse eines jeden ist mit dem Interesse aller übrigen so tief verwickelt, daß die anscheinend freye Willkühr des einen allemal schon Zwang für andre enthält. Es wird daher nothwendig, es der Willkühr solcher, die durch ihre Verhältnisse, Kenntniß aller dieser Verwicklungen erlangen können, aufzutragen, diejenigen Verfügungen zu treffen, und Vorschriften zu ertheilen, welche die allgemeine Freyheit befördern, und die mithin der präsumtive allgemeine vernünftige Wille billigt. Ihnen müssen sich die übrigen unterwerfen, weil es unmöglich ist, einen jeden von den Angelegenheiten der Gemeinde zu unterrichten. (die Idee der Regierung.) Es ergiebt sich aber sehr leicht, wie vielen Schwierigkeiten die Gränzbestimmung ihrer Gewalt ausgesetzt sey da dieselbe den Händen, in ihren Einsichten eingeschränkter und leidenschaftlicher Menschen übergeben werden muß, welche nur zu oft, durch willkührliche Einschränkungen der natürlichen Freyheit, das allgemeine Beste (ein verdächtiger und zweydeutiger Name) eben so sicher zu befördern glauben, als wenn sie sich wirklich göttliche Absichten, und einen göttlichen Willen zutrauen dürften.

Wenn es aber auch möglich wäre, jeden einzelnen von seinen Verhältnißen zum Ganzen vollkommen zu unterrichten, da denn die ganze Gesetzgebung nur in Belehrung bestehen dürfte, so entstände immer noch eine andre Schwierigkeit. Das Gesetz der Sittlichkeit, (der Vernunft,) ist eines Theils an sich unwirksam. Auf der andern Seite aber ist es sehr gefährlich, dasselbe durch Gesetze der Sinnlichkeit, oder vermittelst autorisirter Gewaltthätigkeit zu Vollstreckung der Entscheidung in Civilsachen und vermittelst Belohnungen und Strafen einzuschärfen, (die Idee des Richteramtes) und dadurch einen Menschen der Gewalt eines andern zu unterwerfen: indem die Administratoren der Gerechtigkeit und Polizey, eben so wenig als die Regenten, personificirte Vernunft vorstellen können.

Aber auch selbst in dem idealischen Staate, da die Vernunft allein die Gesetze bestimmte, und die Bürger sämtlich, durch bloße Vernunft geleitet, ihre Gesetze aufs genaueste und durchgängig befolgten, würde dennoch selbst vernünftiger Weise, vieles dem Arm des Stärkern zur Entscheidung ausgesetzt bleiben. Denn es ist unmöglich, daß alle Menschen in ihren Begriffen übereinkommen sollten. Es entspringt nothwendig Verschiedenheit der Vorstellungen vom Guten und Bösen, aus der Eingeschränktheit und Verschiedenheit ihrer Erfahrungen, welche wiederum ihren Grund in der Eingeschränktheit oder Verschiedenheit und dem Streite in dem Felde der Sinnlichkeit hat, welches dem Verstande eines jeden Menschen zum Gegenstande gegeben ist, auf den er angewendet werden soll. Die Vernunft selbst gebietet, dem Arm des Stärkern, oder dem Zufalle, zur Entscheidung zu überlassen, was sie selbst nicht entscheiden kann, und dieses ist daher in frühen Zeiten sogar gesetzmäßig gewesen, ehe die Menschen, theils durch die Erfahrung so manches Mißbrauchs in der Anwendung dieses Grundsatzes, darauf geleitet wurden, zu der unpartheiischen Einsicht eines dritten ihre Zuflucht zu nehmen, und theils durch Obermacht gezwungen wurden, dem Willkühr eines Herrn die Entscheidung anheim zu stellen.

Es ist daher die gewöhnliche Vorstellung, daß aller Streit unter den Menschen aufhören würde, wenn sie alle vollkommen moralisch handelten, ganz falsch. Sie würden mit einander streiten, aber ohne einander zu hassen, denn die Vernunft eines jeden würde billigen, was der andre, durch einen andern Gesichtspunkt und andre Empfindungen bewogen, gegen ihn thäte. *) Sanftmuth und Demuth sind daher kein Grund vollkommner Tugend, wie man

---

*) Daher das bellum omnium contra omnes des Hobbes, und das ius extrinsecum fortioris des Spinoza, welches alles bis auf einen gewissen Punkt, der Moral und Vernunft gar nicht widerspricht.

cher in unserm Zeitalter wähnt, in welchem
zwar, auf einer Seite, lauter Eigennutz und
gänzlicher Mangel an moralischen Bewegungs=
gründen, auf der andern aber nichts als Unthä=
tigkeit, Gehorsam und Ergebung, Duldung ohne
Liebe, und Liebe ohne Kraft gepredigt wird.

Mit dieser Theorie der Sittlichkeit, wer=
den manche Leser aus zwey sehr verschiednen
Ursachen unzufrieden seyn.

Auf der einen Seite wird man sagen, das
Vergnügen, welches die Erkenntniß der Ue=
bereinstimmung, der Gesetzmäßigkeit, beglei=
tet, sey so wohl Vergnügen, als dasjenige, wel=
ches mit der sinnlichen Empfindung verbunden
ist. Da nun, meiner Theorie zufolge, nicht die
Gesetzmäßigkeit, sondern das Vergnügen, wel=
ches mit der Erkenntniß der Gesetzmäßigkeit
verbunden ist, die Triebfeder der menschlichen
Handlungen ausmacht, so sey im Grunde alle
Moralität selbstsüchtig. Man hat hierauf
schon oft, mit gutem Grunde geantwortet, daß
der Mensch allemal durch eigne Vorstellungen
bewogen werden müsse, zu handeln, daß in
diesem Verstande alle seine Handlungen aus

aus selbstsüchtigen Bewegungsgründen entspringen, daß aber hinlänglicher Grund sey, diese sittlich guten Bewegungsgründe, von sittlich gleichgültigen und schlechten (eigennützigen) zu unterscheiden: und daß ein Mißverständniß zum Grunde liege, wenn man zum Behufe der Sittlichkeit auch diese Selbstsüchtigkeit ausschließen wolle. Schon der gemeine Ausdruck: sittliches, moralisches Vergnügen zeigt an, daß die sittlich guten Handlungen, eine eigne Art von Vergnügen gewähren. Der Philosoph aber, der Gesetzmäßigkeit, der Religiöse, der den Willen des vollkommensten Wesens, und der Schwärmer, der die Liebe zu Gott, ohne alle Rüksicht auf uns selbst zu der ausschließenden Triebfeder sittlich guter Handlungen macht, sagen im Grunde dasselbe, was ich gelehrt habe: Denn die Gesetzmäßigkeit muß doch erkannt und gebilligt seyn: der Wille Gottes muß erkannt und als das vollkommenste gebilligt seyn, wenn Handlungen dadurch bestimmt werden sollen, und um deswillen heißt diese Befolgung der Gesetzmäßigkeit, die Liebe zu Gott uneigennützig, weil der Gedanke an sich selbst, das größte Vergnügen gewährt, ohne daß man Beziehungen auf unsre Sinnlichkeit in ihr wahrnehme.

Eine andre Parthey, welche damit einverstanden ist, daß mit der Sittlichkeit Vergnügen verbunden sey, wird nicht damit zufrieden seyn, daß das Gefühl der Sittlichkeit von der Erkenntniß des Verstandes so abhängig seyn soll, und mir die gewöhnliche Erfahrung entgegen stellen, nach welcher oft sehr eingeschränkte Köpfe rechtschaffen denken und handeln, Männer von den ausgebreitesten Einsichten und dem feinsten Verstande hingegen, oftmals gar kein Gefühl von Sittlichkeit zu haben scheinen. Freylich lassen sich wohl zween Menschen denken, von denen der eine, äußerst schlau und verständig seyn soll, alle Wege zu seinen Zwecken zu gelangen sogleich auszufinden vermag, mit der größten Scharfsinnigkeit, alles ausspähet, was ihm dazu dienen kann, die größeste Feinheit in Behandlung aller Menschen besitzt, um durch sie diese Zwecke zu erreichen: und der mit allen diesen nur Leidenschaften zu befriedigen sucht, welche ihn selbst be-

K

ständig unruhig und unglücklich machen, und durch welche er alle Menschen um sich her quälet. Der andre sey äußerst eingeschränkt in allen seinen Einsichten, wisse wenig, denke nicht daran, daß man andre Menschen durch schlaue Wege misbrauchen kann, und er erregt dennoch bey allen die ihn kennen die größeste Hochachtung, weil er nichts als gute Absichten hat, sich nicht bemühet schlauer zu seyn, als er von Natur ist, weil seine Wünsche seinen Kräften gemäß sind, und er niemals ungerecht handelt.

Aber warum flößt uns dieser letzte so viel Hochachtung ein? Weil er so gut zu beurtheilen weiß, was sich für ihn paßt und was er ausrichten kann, und was dagegen nicht für ihn gehört: weil er immer so richtig unterscheidet, was recht und was unrecht ist: weil er also einen richtigen, das heißt guten Verstand hat, wenn gleich dieser Verstand eingeschränkt ist. Und warum hassen wir den schlauen Schurken? Weil er immer mit seinem scharfen Blicke weiter herum schweift, und sich in Dinge mischt, die er nur in Rücksicht auf den Gebrauch beurtheilen kann, den er für sich davon macht;

weil er Dinge, die er ganz anders beurtheilen würde, wenn ihm seine Leidenschaften erlaubten, sie von allen Seiten und in größern Beziehungen zu betrachten, weil er diese immer nur aus dem einzigen engen Gesichtspunkte ansieht, den ihm die Leidenschaft eines Augenblicks angiebt. So ausgebreitet also sein Verstand seyn mag, so taugt er doch nicht viel, weil er nicht richtig ist, und eben, weil er so ausgebreitete Einsichten hat, ist es desto auffallender, daß er alles schief beurtheilt.

Ein gutes Herz ist ein sehr zweydeutiger Ausdruck, und erregt daher bald Verehrung, bald mitleidiges Lächeln. Das richtige Urtheil, das positive gute in dem oft eingeschränkten Kopfe eines rechtschaffenen Mannes, verdient und erwecket auch allemal Verehrung. Dummheit hingegen, Eingeschränktheit der Einsichten, und Mangel an Thätigkeit, erzeugen an sich nur Mitleid und Bedauren, wenn sie gleich oft unter dem Vorwande eines guten Herzens aus Eigennutz gepriesen werden, weil die träge Dummheit freylich solchen nicht im Wege steht, die Absichten haben. Dieser Eigennutz findet

K 2

auf der andern Seite gleichfals oft seine Rechnung dabey, den richtigsten und besten Verstand, als Schlauheit und Weltklugheit (im Gegensatze mit richtigem und geradem Verstande, von welchem ein gutes Herz unzertrennlich ist, welches darum eben nicht nothwendig sehr weich zu seyn braucht,) zu verschreyen, — weil er sich vor ihm fürchtet.

Es kann seyn, daß andre vernünftige Wesen, die nicht unsre Empfindungen des Vergnügens und Schmerzens kennen, durch andre Beschaffenheiten ihrer Vorstellungen zum Handeln getrieben werden. Auf ihre Handlungen wird also nicht unser Begriff von Sittlichkeit, aber doch immer der Begriff von Vernunftmäßigkeit, Gedenkbarkeit anwendbar seyn, und es wird bey ihnen unserm Begriffe von Sittlichkeit nie Begriff entsprechen, der sich zu ihr verhält, wie die Beschaffenheit ihrer Vorstellungen dadurch sie zum Handeln getrieben werden, zu unsern Empfindungen des Vergnügens und Schmerzens. In so weit läßt sich der höchste Grundsatz der Sittlichkeit allerdings a priori festsetzen. Weil uns aber alles dasjenige, worauf er angewendet werden kann, aus der Erfahrung allererst bekannt werden muß, und uns nicht von dem dahin gehörigen, wie von den Vorstellungen von Zeit und Raum, eine vollständige Kenntniß angebohren wird, so ist es unmöglich, die Anwendung des Grundsatzes a priori zu finden, und solchergestalt eine Moral nach geometrischer Methode zu erweisen.

Nunmehro wird es leicht seyn, die Frage zu beantworten: unter welchen Bedingungen das Ideal der Moral, ein Wesen, welches schlechterdings keine unmoralischen Willen jemals haben könnte, möglich sey?

Wir haben gesehen, daß der Grund der Immoralität in der Sinnlichkeit, und deren Eingeschränktheit und Abwechslung liegt. Nicht im Körper allein, in welchem ihn schwärmerische Moralisten gesucht haben. Es scheint zwar, daß die Verbindung mit einem Körper, der selbst Object der Sinne ist, die Bedingung sey, wodurch allein sinnliche Erkenntniß möglich wird. Aber es würde in der Eingeschränktheit der sinnlichen Vorstellungen schon hinlänglicher Grund zu der Möglichkeit unmoralischer Hand-

K 3

lungen seyn, ohne daß körperliche Lüste hinzukämen, die nicht immer das schlimmste im Menschen sind.*)

Ein moralisch vollkommenes Wesen kann also nicht anders gedacht werden, als so, daß zugleich die Einsicht seines Verstandes vollkommen sey.

Es muß nehmlich unabhängig von allem außer ihm seyn. Seine Erkenntniß muß nicht durch sein Verhältniß zu andern Dingen be-

*) Es ist der auffallendste Beweis, wie sehr es unserm Zeitalter an Gelegenheit und Bewegungsgründen, und daher auch an Begriffen von wahrer Tugend fehle, daß die Moralisten von keiner andern so viel als von der Enthaltsamkeit, und von keinem andern Laster zu reden wissen, als von Ausschweifungen dagegen. Diese sind wahrscheinlich in den mehresten Zeiten gleich gewöhnlich gewesen, weil der Trieb dazu natürlich ist und nur durch äußre Verhältnisse böse wird. Sie sind immer von wohldenkenden Moralisten gemisbilligt worden, sie erregen aber so viel Aufsehen nur da, wo man von Gerechtigkeit, Muth, Standhaftigkeit, Größe des Geistes, nichts weiß, oder nicht davon reden darf, weil sie für regalia gehalten werden: und freylich stehn diese Bürger-Tugenden, dem Unterthan übel an, von dem nur Gehorsam gefordert wird.

stimmt werden, sondern lediglich durch die Beschaffenheit der Dinge selbst. Es läßt sich also die höchste moralische Vollkommenheit nur in dem Wesen gedenken, welches mit seinem Verstande alles umfaßt, und alle Verhältnisse gleich deutlich erkennet; dessen Empfindungen nicht durch einzelne Theile der Sinnenwelt bestimmt werden, sondern durch das Ganze.

Alle nähern Bestimmungen würden aus einzelnen Theilen dieser Sinnenwelt und ihrer Verhältnisse hergenommen seyn, und analogisch auf ein Ganzes angewendet werden, welches doch unser Verstand nicht zu denken vermag. Ich enthalte mich daher billig derselben. Gefühl eignen Unvermögens, Erkenntniß der Gränzen seines eignen Geistes, ist die einzige von verfälschendem Irrthum freye Erkenntniß des unbegreiflichen Wesens, welches das letzte — unerreichbare Ziel des menschlichen Denkens ausmacht.

Es ist aus der oben ausgeführten Theorie der Moralität offenbar, daß in allen eingeschränkten, der Sinnlichkeit unterworfenen Wesen, ein Streit dieser Sinnlichkeit mit den

Principien der Vernunft statt findet. Es harmonirt nehmlich die Glükseligkeit, welche aus der einen entspringt, nicht nothwendig mit derjenigen, welche die andre gewährt: und die Erfahrung lehrt auch genugsam, daß sie bey den mehresten Menschen nur zu oft in lebhaften Streit gerathen, indem der Trieb zu beyden gleich tief in der menschlichen Natur gegründet ist. Dieser Streit, wovon uns Xenophon in seiner reizenden Allegorie von den zwey Seelen ein trefliches Gemählde hinterlassen hat, *) ist unstreitig das interessanteste Problem der Philosophie. Ihn zu erklären sind folgende Wege möglich.

Der erste wäre das gewöhnliche Atheistisch-materialistische System, vermöge deßen nichts als Natur oder sinnliche Erscheinung existirt: dadurch die Vernunft zu einem bloßen Scheine gemacht wird, der aus der mannigfaltigen Zusammensetzung der sinnlichen Erscheinungen entspringt. Dadurch wird denn jener Streit gänzlich auf denjenigen reducirt, der in der Sinnlichkeit selbst wesentlich gegründet ist, wie alle

*) in seiner Cyropädie.

physikalische Theorien beweisen, welche nie zweyer entgegengesetzten Principien werden entbehren können: und der die Ursache alles physischen Uebels enthält. Dieses System wird durch eine gründliche Darstellung des Vernunftvermögens hinreichend widerlegt.

So wie die Materialisten die Vernunft leugnen, so erklären andre die Vernunft für das einzige reelle, und die Sinnlichkeit für bloßen Schein. Es mögen bereits einige alte Philosophen diesen Gedanken gehabt, aber nicht recht deutlich erkannt haben. Leibniz hat ihn zuerst entwickelt, indem er die Sinnlichkeit für eine verworrene Vorstellung von erkennenden Kräften erklärt. (Das ist: nach Abzug der hier für Schein erklärten Sinnlichkeit, Vernunft.) Hierauf beruhet sein ganzes System. Ich habe aber oben bereits ausgeführt, daß die Sinnlichkeit eben so wenig aus dem Vernunftvermögen, als dieses aus jenem erklärt werden könne.

Kant, der besser, als jemals vor ihm geschehen ist, dieses bewiesen, und Vernunft und Sinnlichkeit in ihrer eigenthümlichen Natur dargestelle, schlägt einen andern Weg ein, indem er die Sinnlichkeit selbst zwar nicht, aber den letzten Grund ihres Daseyns, in der Vernunft sucht. Wenn nehmlich die Gesetze der Vernunft, (oder die Gesetze der Sittlichkeit als ein Theil der Gesetze der Vernunft) mit den Gesetzen der Sinnlichkeit übereinstimmend wären, so bliebe, da beyde ihrem Wesen nach nicht auf eines zurükgeführt werden können, so bliebe nichts anders übrig, um diese Uebereinstimmung zu erklären, als den Grund des Daseyns des einen in dem andern zu suchen, und obwohl der Begriff der Ursache nur in dem Verhältnisse einer Erscheinung zur andern gedenkbar ist, und auf das was den Erscheinungen zum Grunde liegt, nicht angewendet werden darf, so dürfte dennoch immer, ein andres Verhältniß vorausgesetzt werden, das nach der Analogie des Verhältnisses zwischen Ursache und Wirkung gedacht würde, wenn man gleich keinen weitern Begriff davon geben könnte, welches allerdings immer unmöglich bliebe. Es beruht also der Grund dieser Voraussetzung auf der Einheit der Vernunftgesetze und der Gesetze der Sinnlichkeit. So weit uns beydes bekant ist, streiten sie mit einander sehr oft. Da aber erweislich ist, daß die Sinnlichkeit nicht ein für sich bestehendes allein ausmache, sondern mit noch anderm zusammenhängt, so könnte es wohl seyn, daß der in der Sinnlichkeit erscheinende Streit mit den Principien der Vernunft, durch die anderweitige uns unbekante Beschaffenheit des existirenden, wieder ausgeglichen würde. Man müßte dieses nur nicht etwa mit einem zukünftigen gleichfalls sinnlichen Leben für einerley halten, welches, so wahrscheinlich es auch immer aus andern Gründen seyn mag, dennoch nicht die Schwierigkeit auflösen kann, mit welcher wir uns hier beschäftigen, weil ein solches doch immer nur nach der Analogie des gegenwärtigen gedacht werden kann.

Es fragt sich also nur, ob wir zu dieser Voraussetzung: daß im Grunde die Gesetze der Sittlichkeit und die Gesetze der Sinnlichkeit einerley sind, wenn sie uns gleich widerstreitend erscheinen, genöthigt werden. Der Grund, den Kant dafür angiebt, ist dieser:*)

*) Seine Moraltheologie beruhet, wie Herr Schmid in seiner Critik der reinen Vernunft

„die Grundbegriffe der Sittlichkeit können nicht
„ohne jene Voraussetzung bestehen, weil der
„Mensch nur soll, was sittlich gut ist, aber
„auch nur will, was ihn glücklich macht.
„Könnte nun ein wahrer Streit unter dem,
„was sittlich gut ist, und unter dem, was
„glücklich macht, entstehn, so würde die Ver-
„nunft, welche beydes billigt, das gute, und
„das angenehme, in Streit mit sich selbst gera-
„then." Allein es sind die Grundgesetze der
Sittlichkeit in der Vernunft gut genug gegründet, die Sinnlichkeit mag auch dagegen

im Grundrisse S. 163 ganz richtig angiebt,
auf folgenden Sätzen: Es soll (objectiv) etwas geschehen. Es muß also (subjectiv) geschehen können. Es kann nur unter der Hofnung einer angemeßnen Glückseligkeit geschehen. Es muß also ein Grund zu dieser Hofnung seyn.

Es soll etwas geschehen; das heißt: es muß
den Gesetzen der Vernunft nach, gedacht werden. Es muß geschehen können, das heißt:
es muß in der Sinnlichkeit ausgedrückt werden können. Das lezte folgt aus dem
ersten nicht anders, als wenn schon voraus-
gesezt wird, was erst dadurch erwiesen werden soll: daß die Sinnlichkeit mit der Vernunft, ihrer Natur nach, übereinstimme.

einwenden, was sie wolle. Sie bedürfen keiner fremden Hülfe zu objectiver Nothwendigkeit, die sie nicht einmal anders woher erhalten könnten.

Denn Nothwendigkeit ist ein ausschließliches Eigenthum der Vernunfterkenntniß, in der sie allein gedacht werden kann. Aber auch an subjectiven Bewegungsgründen fehlt es der Moralität nicht; denn diese bestehen in dem Vergnügen, welches alle Erkenntniß von Gesetzmäßigkeit begleitet, und den Schmerzen, die das Gefühl innren moralischen Widerspruchs, wo derselbe nur erst erkannt worden, in stärkerem Grade begleiten, als er sich in bloßer Sinnlichkeit jemals findet. Es sind freylich diese Antriebe wegen andrer entgegen wirkender Gesetze der Sinnlichkeit, nicht so wirksam, als in dem Ideale einer moralischen Welt. (Dem Reiche der Gnade). Allein das, was der wirklichen Welt fehlt, um dieser ähnlich zu seyn, kann durch nichts anders ersetzt werden. Weder durch die Voraussetzung einer nach andern neuen Gesetzen nach diesem Leben fortgesetzten Sinnlichkeit, noch auch durch den Zusammenhang des Sinnlichen mit dem Unsinnlichen. Nicht durch das erste, denn durch die verächtlichen Antriebe einer künftigen Sinnlichkeit (Hofnung einer Belohnung) wird die Moral ganz und gar zerstört, weil sie ihre Unabhängigkeit und daher ihre apodictische Gewißheit verlieret. Nicht durch den Zusammenhang des Sinnlichen mit dem Unsinnlichen, denn dieses kann gar keine Antriebe geben: indem alles, was wir Glückseligkeit nennen, nur in der Sinnlichkeit empfunden werden kann, außer welcher gar viele Begriffe und Vorstellungen, aber nicht die Empfindungen des Vergnügens und Schmerzens möglich sind.

Ich sehe daher diesen ganzen Versuch einer Moraltheologie als eine Wirkung des natürlichen Triebes der Vernunft an, alles, so viel möglich, auf Einheit der Principien zu bringen. Die Vernunft hat dazu mithin, als zu einem Versuche, Grund genug. Aber sie darf diesen Grund nicht auf das Object ihrer Erkenntniß übertragen.

Es bleibt, folglich meiner Einsicht nach, nur der letzte Weg übrig: beydes Vernunft und Sinnlichkeit zu nehmen, wie sie sind, keines durch das andre zu erklären (ein platonischer Dualismus, wenn man will) und die Sinnlichkeit als einen gegebnen Gegenstand jedes Verstandes anzusehen.

Wenn man aber auch das System annehmen sollte, welches Kant unter dem Namen der Moraltheologie aufgestellt, und ich eben untersucht habe, so läßt sich selbst darin kein Grund für die Hypothese finden: daß die Sinnen-Welt die größte mögliche, das ist gedenkbare Summe von Glückseligkeit enthalte. Denn in jenem Systeme ist ja unsre Sinnenwelt nicht die vollständige Wirkung der Gesetze der Vernunft, drücken sie also nur in Verbindung mit einer andern, unsern Sinnen fremde Welt aus.

Außerdem, daß es dem Optimismus an gründlichen Beweisen fehlt, sind noch einige unauflösliche Schwierigkeiten dagegen.

Erstlich: ist er dem Einwurfe ausgesetzt, den Mendelssohn ausführt, *) nachdem ihn Leibniz selbst schon angegeben: daß es keine vollkommenste Welt geben könne, weil sie aus lauter eingeschränkten Wesen besteht, und daher immer eines größern Grades von Realität fähig bleiben muß. Ein Einwurf, den er selbst für unauflöslich erklärt.

Zweytens das Uebel in der Welt: welches Leibniz ganz ohne Erfolg zu dem blos negativen Begriffe von Unvollkommenheit, Einschränkung, machen wollte, da Schmerz und Misvergnügen zwar allemal damit verbunden, aber an sich etwas eben so reelles ist, als Vergnügen. Daher denn der alte Einwurf des Epikur, der zu allen Zeiten wieder erneuert worden ist **), und in den gewöhnlichen Syste-

---

*) Phiosophische Gespräche im ersten Theile seiner Werke. Drittes Gespräch.

**) Zuletzt und am vollkommensten hat Hume in seinen Dialogues on natural Religion, alle Einwürfe gegen die gewöhnliche anthropomorphistische Theologie vorgetragen. Allein seine Schilderung des Uebels in der Welt ist noch sehr unkräftig, und würde ganz anders aus-

men nur durch unerweisliche Behauptungen widerlegt werden kann. Man behauptet zwar mit gutem Grunde, daß unsre Erfahrung viel zu eingeschränkt sey, als daß wir darüber etwas nur einmal wahrscheinliches sagen könnten. Sehr gut: aber dürfen wir, unsrer eingeschränkten Kenntniß wegen, nichts dagegen einwenden, so kann sie uns auch keine Beweise dafür geben, die doch mancher versucht, der lieber declamirt, als scharf prüft. Ein Anti-Candide, so nützlich er, in moralischer Rüksicht, zur Beruhigung der Menschen immer seyn mag, wäre in theologischer Rüksicht noch lächerlicher, als der Candide den Vertheidigern der besten Welt geschienen hat: denn sein Verfasser müßte von den Rathschlüssen Gottes ausgehn, die der bescheidenere Voltaire für unerforschlich hielt.

fallen, wenn einmal die Reden, mit denen Hegesias zum Tode überredete, wieder gefunden, oder ein Hegesias ἀποκαρτερῶν in seinem ächten Geiste geschrieben würde.

6.

Und wenn wir diese Lehre von der besten Welt aufgeben müssen, verlieren wir dadurch mehr, als wir gewinnen?

Es ist wahr, zur vollkommensten Glükseligkeit des Menschen gehört beydes, daß er mit sich, und daß er mit der Welt zufrieden sey. Wie er jenes werden könne, lehrt die Moral. Wie er das letzte erhalte, soll die Theologie lehren *). Nach der oben ausgeführten Theorie, ist diese Zufriedenheit des Menschen in der Unmöglichkeit gegründet, daß irgend etwas anders seyn konnte, als es ist. Und diese Ueberzeugung der Vernunft gewährt eine sichere und dauerhaftere Beruhigung, als die abwechselnde Wärme der Empfindung.

Es lehrt schon die tägliche Erfahrung, daß Misvergnügen über Begebenheiten, auch über solche, die uns selbst betreffen, und die Unzufriedenheit mit dem Betragen andrer, sich sehr vermindert, wenn wir recht deutlich einsehen,

---

*) Garve hat dieses im 2ten Theile seiner Anmerkungen zum Cicero vortreflich ausgeführt.

wie die Denkungsart der Menschen und die Umstände gerade jene Begebenheiten hervorbringen mußten. Die Ueberzeugung, daß in dem Verstande Gottes, der die Dinge schauet wie sie sind, alles nothwendig erscheine und die Zufälligkeit der Begebenheiten nur in der Eingeschränktheit unsrer Erkenntniß gegründet sey, wird daher vollkommen beruhigen.

Bey der Voraussetzung hingegen, daß alles durch eine Wahl bestimmt werde, hängt diese Beruhigung davon ab, ob die Vorstellung des größern allgemeinen Besten, und die Empfindungen der Dankbarkeit und Liebe gegen ihren Urheber so lebhaft sind, daß sie alle Vorstellungen von eignem Uebel überwiegen. Es versichern zwar viele Lehrer, daß in der besten Welt kein Geschöpf zum besten andrer leide, sondern nur um sein eignes Beste zu befördern: allein das sieht einem prophetischen Versprechen ähnlich, dem die Beglaubigung fehlt. Für eine philosophische Behauptung kann es nicht gelten, denn der Beweis ist noch nie gegeben. Es kann auch wirklich keiner erdacht werden: und dennoch beruhet hierauf die vor züglichste Kraft des Optimismus: denn es ist für die meisten Menschen nur ein elender Trost, daß ihre Leiden das Wohl andrer Geschöpfe oder auch etwa andrer Menschen befördern, die sie nicht kennen, und deren Glük ihnen nie bekannt wird, so daß sie sich darüber freuen könnten. Wenn es nun gleich scheinen mögte, als ob eben deswegen diese Lehre von der besten Welt mit der Moral ganz vortreflich zusammenstimmte, indem sie noch durch die Versichrung: daß allenthalben und allemal das allgemeine Beste aufs möglichste befördert werde, so viel auch jeder einzelne immer leidet, für diesen einzelnen einen neuen Antrieb erzeugt, in diesem allgemeinen Besten, seine eigne Glückseligkeit und Schadloshaltung für sein Privatleiden zu suchen, so kann dieses doch nur bey einem müßigen Zuschauer der Weltbegebenheiten Platz finden. Für jeden, der seiner Natur nach in diese Welt mit verflochten ist, und in sie einwirken muß, ist hingegen die Lehre von der besten Welt äußerst nachtheilig.

So lange wir der Gottheit blos diejenigen Wirkungen zuschreiben, die nicht von andern denkenden und empfindenden Wesen herrühren, lassen sich beyde, diese Theologie und die Moral, recht wohl vereinigen. Wir sehen aber bald, daß die Menschen von diesen Wirkungen andrer Wesen gar sehr abhängen, daß unsre Entschließungen von den äußern Veranlaßungen, und von der Organisation bestimmt werden, mit welcher unser Geist verbunden ist: daß die Gottheit also nicht die ganze Welt regieren könne, ohne zugleich die Wirkungen der Menschen mit zu bestimmen. Aber wenn das ist, wie kann alsdenn die Moral mit jener Lehre bestehen, daß alles vollkommen gut sey?

Die Gründe der Sittlichkeit sind mit den Gesetzen der Vernunft einerley: und Tugend ist daher in dem Wesen des Geistes gegründet, und unabhängig von allem außer ihr. Aber der Gegenstand unsrer Wünsche, unsrer Handlungen, selbst der tugendhaftesten, ist doch immer Vergnügen: eignes oder fremdes. Wenn wir nun überzeugt sind, daß alles, was geschieht, zum größern allgemeinen Besten wirke, muß nicht alsdenn die größte Verwirrung in allen unsern practischen Begriffen entstehn?

Denn wenn unser Endzweck darinn besteht, Glükseligkeit zu verbreiten, wenn aber alle durch die Zulassung Gottes geschehende Verbrechen zum größten Besten des Ganzen mitwirken, wenn wir also vor der Handlung nie wissen, was für die Welt gut ist (wie wir denn das immer nur bis auf eine gewissen Entfernung in dem Reiche der Folgen vermuthen können) nach geschehener Handlung aber allemal gewiß wissen, daß es das beste war, was wir auch immer gethan haben mögen: wird hiedurch nicht unser innres Gefühl von Vollkommenheit mit der äußern Erfahrung in Widerspruch gesetzet? und verliert dadurch nicht die Tugend — freylich nicht den Grund, den sie in sich selbst hat, aber doch den mächtigsten Antrieb? den Trieb, Gutes zu wirken?

Die Stoiker fühlten dieses wohl. So viel vortrefliches sie auch von der Gottheit lehrten, so gründeten sie doch die Zufriedenheit des Menschen mit der Welt auf den geringen Werth alles dessen, was den Menschen anhängt, ohne von ihm selbst herzurühren. Aber auch bildeten sie den Menschen zur Thätigkeit, dahingegen spätere Lehrer politisches und religiöses Intresse hatten, die Unthätigkeit zu befördern, und aus diesen Zeiten ist noch manches in unsern Lehrbegriffen.

* * *

Es würde die größte Thorheit seyn, sich einzubilden, daß wir, deren Erkenntnißkräfte nur so wenige Gestalten des existirenden umfassen, welches deren vielleicht unendlich viele hat, von allem existirenden und dessen Zusammenhange im Ganzen, vollständige und angemessene Begriffe zu bilden vermögten, da solche doch über das hinausgehen müßten, was uns die Analogie der bekannten Erfahrungen lehrt. Der wahre Grund dieser Erscheinungen bleibt uns allemal unerforschlich, und es ist daher nicht zu verwundern, wenn nicht alle, auch sonst gut gegründete Vermuthungen, über die Beschaffenheit des Universum und der Gottheit mit einander in Uebereinstimmung zu bringen seyn sollten.

Weit entfernt also zu glauben, daß dasjenige, was ich von der Gottheit zu erweisen gesucht habe, alles erschöpfe, was sich darüber denken läßt, achte ich jede freye und gegründete Speculation über diesen großen Gegenstand, dafern man die Eingeschränktheit unsres Verstandes nur nicht zu einem Vorwande misbraucht, diesem an Erkenntniß eingeschränkten, doch aber in diesem eingeschränkten Felde der Erkenntniß einzigen gültigen Richter über Wahrheit und Irrthum, Erdichtungen und Träumereyen aufzudrängen, und wohl gar den Untersuchungsgeist zu verschreyen, der doch allein Erkenntniß erzeugt, da ungeprüftes Annehmen auf Autorität, nur grundlose Meynung hervorbringt.

Es haben zwar aus falschem Eifer für die vermeinte Sache Gottes, manche Lehrer die Erkenntniß desselben auf eine äußerliche Belehrung gebauet, deren Innhalt nicht erst von der menschlichen Vernunft geprüft werden dürfe, weil sie glaubten, daß die Gottheit nicht über unsern Verstand unendlich erhaben bliebe, wenn wir nicht alles, was wir wissen, von solcher fremden Belehrung hernähmen. Es muß aber dennoch immer die Vernunft des Menschen über den Inhalt und die Glaubwürdigkeit jeder willkührlichen Belehrung richten, indem selbst diejenigen, welche in blindem Glauben auf das Wort andrer vertrauen, hiedurch nur ihre eigene Einsicht für zu schwach erkennen, und die Vernunft in der Person ihrer Lehrer zum letzten Richter machen, dafern ihr Glaube nicht etwa auf schlechterdings nichts beruhen soll, wo man ihn denn eine grundlose Einbildung nennen dürfte. Der Mensch muß also zuvörderst erkennen, was gut und vollkommen ist, ehe er beurtheilen kann, was dem höchst guten und vollkommnen Wesen zugeschrieben werden könne. Und jenes lernt er nur aus der Untersuchung seines eignen Geistes.

Wie also der Gott an sich auch beschaffen seyn mag, dessen Daseyn in jedem Systeme so wahrscheinlich und dessen Wesen in jedem Systeme unerforschlich ist, so wissen wir, daß ihm die Begriffe von Verhältnissen wesentlich sind, auf denen die Ideen von Vollkommenheit, Schönheit, Ordnung beruhen: denn es ist das Bewußtseyn dieses edelsten Theiles der menschlichen Seele, das uns auf seine Erkenntniß leitete. Alle Erkenntniß der Sinne und des

Verstandes führt immer auf andre Erkenntniß ins unendliche hin. Die Empfindungen, als Triebfedern unsrer Handlungen allein, geben eine für sich befriedigende in sich selbst vollendete Erkenntniß, denn es ist hiebey nicht die Frage von entfernten Bewegungsgründen oder Folgen, sondern lediglich von dem innern Gehalte der Empfindungen. Durch die Gefühle der Sittlichkeit, die aus der Anwendung jener Begriffe von Uebereinstimmung und Widerspruch auf unsre Empfindungen entspringen, sind wir also der Gottheit verwandt. Ihr nähern wir uns immer mehr, je mehr unser Geist in den Empfindungen der moralischen Vollkommenheit lebt, *) und je mehr dieser göttliche Theil der menschlichen Seele **) den

*) Hemsterhuis sagt sehr schön: S'il pouvait être douteux, que Jupiter tout present se melât des individus, il est pourtant indubitable, que les hommes ont la faculté de se meler a ce Dieu. Aristée pag. 199.

* Da ich behaupte, daß die Religion mit allen metaphysischen Systemen vereinbar seyn müsse, so könnte man fragen, ob denn auch der von einem göttlichen Theile der menschlichen Seele

sinnlichen beherrscht, mit dem er durch die thierische Maschine verbunden ist, und aus dem alle Ungerechtigkeit entspringt. Von dieser Erkenntniß der moralischen Gesetze in uns selbst, von ihrer Verehrung muß alle wahre Verehrung Gottes ausgehn. Der Gedanke an einen mächtigen Dämon, der uns anjezt und künftig nach Willkühr gutes und übles zuzufügen vermag, kann wohl Furcht aus Eigennutz erzeugen, bey dem alle ungerechten und niedrigen Begierden gar wohl bestehen, und an keine wahre Besserung des sittlichen Men-

reden dürfe, der es wahrscheinlich findet, daß alles in Gott sey? Aber es sind im Menschen auch die sinnlichen Vorstellungen, und dennoch setzt jeder das Wesen seines Geistes nicht in diese einzelnen Vorstellungen der Sinne, die er etwa in jedem Augenblicke hat, sondern in die Ideen des Verstandes, die er darauf anwendet, und in die Empfindungen, die er nicht als Dinge außer sich erkennt. Eben so macht die vollkomne Erkenntniß das eigenthümliche Wesen Gottes aus, wenn in derselben gleich auch alle mögliche unvollkommne Erkenntniß nothwendig anzutreffen seyn muß, weil er sonst keine Vorstellung von unvollkommnen Wesen hätte.

schen zu gedenken ist. Wie sollte aber derjenige sittliche Schönheit, Wahrheit und Tugend in einem Gotte außer sich lieben und verehren, der dieses göttliche in sich selbst nicht fühlt?

„Du bist ein Theil der Gottheit, so sprach „Epictet zu seinen Zuhörern, du besitzest einen „Theil derselben in dir selbst. Wie verkennst „du denn also den angebohrnen Adel? Einen „Gott trägst du in dir selbst, und verkennest „ihn? Glaubst du etwa ich rede von einem „goldnen oder silbernen Bilde, das ihn deinen „äußern Sinnen darstellt? In dir selbst trägst „du ihn, Unglücklicher! und fühlst nicht, daß „du ihn durch unreine Gedanken, und verruch„te Handlungen entheiligest? In Gegenwart „eines Bildes der Gottheit würdest du nicht „wagen zu thun, was du thust. Aber in Ge„genwart des Gottes, der in dir selbst alles „schauet und höret, schämest du dich nicht sol„cher Begierden und Handlungen, verkennest „die Würde deines eignen Geistes, und fre„velst gegen Gott! *)

*) Arriani Diff. Epict. Lib. II. Cap. 8.

Diesen Gott unter mannigfaltigen Bestimmungen zu lehren, wie es der Denkungsart und den Kenntnissen des Zeitalters angemessen seyn mag, das ist, so lange diese Bestimmungen den Gesetzen der Vernunft und Sittlichkeit nicht widersprechen, zwar ein Werk der Einbildungskraft, aber nicht Betrug, dessen die Ungläubigen und Freygeister so gern alle Lehrer jeder Religion beschuldigen.

Es verehrt aber diesen Gott auch ein jeder, ihm dient ein jeder, der sittlicher Vollkommenheit nachgeht, wenn sich gleich einigen das Ideal dieser Vollkommenheit in weiter ausgemahlten Bildern darstellt, als andern. Solche Bilder arten leicht in Visionen aus.

Die lebhäftere Einbildungskraft macht nicht zu nähern Verwandten, zu vollkommern Kennern, zu bessern Dienern der Gottheit, wie manche wähnen, die durch einen auf so eingeschränkter Denkungsart schlecht gegründeten Stolz, Menschenverachtung, gleißnerische Unthätigkeit, oder noch viel schlimmere Geschäftigkeit, alle freye von ihrem Wahne abweichende Denkungsart zu hindern, — lauter ungöttliche Leidenschaften, — vielmehr weit von dem Urbilde der Vollkommenheit abgeführt werden. Denn einer andern Erkenntniß der Vollkommenheit, als einer subjectiven, ist der Mensch hier nicht fähig. In den Gegenständen seiner Erkenntniß und seiner Thätigkeit vermag er Vollkommenheit anzuschauen. Objective und als ein Gegenstand an sich selbst, kann sie sich ihm nicht darstellen. Wahre gründliche Belehrung über das Wesen der Gottheit, und über unser Verhältniß zu ihr enthält also jede Untersuchung über das wahrhaft Gute in uns, und in unsern Verhältnissen zu der Welt.

Wenn wir aber nicht blos nach Belehrung fragen, sondern nach Erbauung, dadurch das Gefühl des sittlich schönen und erhabnen in uns lebhaft erhalten werden soll, und wenn das einsame Nachdenken hiezu unzulänglich gefunden, und eine öffentliche Versammlung und Feyerlichkeit erfordert würde, so dürfte dieser Endzweck unstreitig da am besten erreicht werden, wo die bewegten Sinne der Seele eine Spannung ertheilten, die am leichtesten von ihnen anhebt, wo die Einbildungskraft durch idealische Darstellungen der schönen Künste mit den Ideen von Schönheit und Vollkommenheit beschäftigt würde: und wo nur wenige Worte denen erregten Empfindungen Bestimmung, und dem Ganzen Bedeutung ertheilten.

Dagegen werden anitzt Vernunft, Einbildungskraft und Leidenschaft ganz von einander getrennt, und einander entgegen gesetzt. Jede hat ihre eignen Verehrer, die von ihrem Abgotte allein alles, wiewohl vergeblich erwarten, und die Kräfte des menschlichen Geistes, die in harmonischer Verbindung allein einen großen Menschen hervorbringen, werden gebraucht, durch die eine die andern zu verwirren.

www.ingramcontent.com/pod-product-compliance
Lightning Source LLC
LaVergne TN
LVHW061214060426
835507LV00016B/1930